LE CHARPENTIER-SERRURIER AU XIX⁰ SIÈCLE

CONSTRUCTIONS

EN FER ET EN BOIS

CHARPENTES DÉCORATIVES

LE CHARPENTIER-SERRURIER AU XIXᴱ SIÈCLE

CONSTRUCTIONS

EN FER ET EN BOIS

CHARPENTES MIXTES EN FER, FONTE & BOIS

CHARPENTES DÉCORATIVES

POUR ATELIERS, MAGASINS, HALLES, HANGARS, PAVILLONS, GALERIES,
PASSERELLES, TERRASSES, PLANCHERS, PORTES, ETC.

PUBLIÉ SOUS LE PATRONAGE DE

M. ALPHAND

INSPECTEUR GÉNÉRAL DES PONTS ET CHAUSSÉES, DIRECTEUR DES TRAVAUX DE LA VILLE DE PARIS

PAR

J. FERRAND

ARCHITECTE

CENT PLANCHES EN COULEURS
ET TEXTE

PARIS

LIBRAIRIE POLYTECHNIQUE DE J. BAUDRY, ÉDITEUR

15, RUE DES SAINTS-PÈRES, 15

MÊME MAISON A LIÉGE, 19, RUE LAMBERT-LEBÈGUE

Tous droits réservés.

INTRODUCTION

Le XIXᵉ siècle est le siècle du fer par excellence. L'emploi chaque jour plus grand de ce métal est certainement un des traits les plus caractéristiques de l'architecture de ce siècle. C'est l'emploi du fer qui a permis d'élever, d'une manière solide et économique à la fois, les vastes constructions réclamées de toutes parts par les besoins de l'industrie et de la vie moderne : ateliers, magasins, gares de chemin de fer, marchés, salles de réunion, etc. Mais le fer n'a pas limité son domaine aux vastes charpentes pour lesquelles le bois ne pouvait rivaliser avec lui; il a envahi le domaine des constructions de dimension moyenne qui semblait réservé au bois ; et, sur ce terrain, ses qualités de légèreté, de solidité et de durée lui ont souvent assuré la supériorité sur le bois.

Nous avons réuni dans cet ouvrage des exemples de l'application du fer aux charpentes des édifices les plus variés comme destination et comme dimension. Nous avons cherché de plus, par le choix des exemples, à montrer les diverses formes sous lesquelles cette application pouvait se faire, suivant les circonstances et suivant le but à atteindre, charpentes rigides ou articulées, avec ou sans cordes de traction, etc. Ainsi nous donnons les dessins des charpentes les plus simples, telles que celles des planches 67 et 96, qui représentent le type presque classique des grandes halles d'ateliers ou de gares de chemin de fer. A côté, nous donnons des exemples, tels que celui des planches 92, 93, 94 et 95, où la construction métallique, spécialement étudiée au point de vue décoratif, est appliquée à des édifices de luxe.

Ce que nous avons cherché à faire ressortir, dans tous nos exemples, c'est la facilité avec laquelle la charpente métallique se prête à l'effet architectural; et cela, par la simple mise en évidence de son ossature, même avec l'ornementation la plus discrète. Partout, ou presque partout, la charpente reste apparente ; c'est le trait caractéristique de l'architecture métallique moderne, et, entre les mains d'un architecte habile, cette méthode peut produire les plus grands ou les plus gracieux effets suivant les proportions et le style de l'édifice.

Chose remarquable : le fer, en venant suppléer à l'insuffisance du bois pour des besoins nouveaux, en prenant place à côté de lui pour la satisfaction de besoins anciens, le fer, dis-je, n'a pas nui au développement de la charpente en bois. Au contraire, nos architectes et nos entrepreneurs de charpente, s'inspirant des procédés de la charpente métallique, ont appris à produire avec les charpentes en bois des effets nouveaux par la mise en évidence de son ossature. De là est née la charpente décorative en bois, si répandue aujourd'hui, et à laquelle se rapportent un grand nombre des planches de cet ouvrage.

A côté de la charpente en fer et de la charpente en bois, nous avons consacré un certain nombre de planches aux charpentes mixtes, où le bois et le métal s'allient, et, apportant chacun ses qualités propres, arrivent à produire des résultats remarquables tant au point de vue du bon emploi des matériaux qu'à celui de l'effet architectural.

Tous nos dessins, qu'ils s'appliquent aux charpentes en fer, en bois, ou aux charpentes mixtes, sont tracés et cotés de manière à donner tous les renseignements nécessaires à l'exécution. Nous n'avons fait d'exception que pour quelques dessins dont les cotes trop multipliées auraient nui à l'effet d'ensemble. Dans ces cas particuliers, nous avons supprimé les cotes sur les dessins, et nous les avons données dans le texte qui les accompagne.

Outre ces renseignements complémentaires, le texte donne pour chaque planche les indications utiles relativement à la destination de l'édifice, aux conditions de sa construction et à la conception de son type de charpente.

Texte et planches sont combinés de manière à mettre le lecteur à même de reproduire de toutes pièces les charpentes prises pour exemples, et à lui fournir des exemples aussi variés que possible, dont il puisse s'inspirer pour les constructions originales qu'il aura à créer.

Enfin, pour faciliter les recherches, nous donnons une table détaillée des planches : les planches y sont divisées en trois groupes distincts :

1° Les charpentes en fer;
2° Les charpentes en bois;
3° Les charpentes mixtes.

Dans chaque groupe, nous avons suivi l'ordre du numérotage des planches.

TABLE DES PLANCHES

1° CHARPENTES EN FER

Nos des Planches.

4. — Lanterne suspendue sur poitrails entre deux magasins. Ensemble de la ferme . . . . Portée. 10ᵐ,25
5. — Lanterne suspendue sur poitrails entre deux magasins. — Détails.
7. — Comble curviligne avec terrasse et campanile à la pénétration . . . . Portée. 16ᵐ,30
9. — Grand comble de pavillon pour projet de mairie. . . . . Portée. 7ᵐ,00
13. — Petit marché pour ville balnéaire. Coupe de la ferme . . . . Portée. 7ᵐ,00
14. — Petit marché pour ville balnéaire. — Plan et détails.
17. — Terrasse couverte et fermée. Ensemble. Portée. 4ᵐ,50
18. — Terrasse couverte et fermée. — Détails.
21. — Ferme rigide sur poteaux en fer pour halle de marchandises . . . . Portée. 16ᵐ,00
22. — Ferme rigide sur poteaux en fer pour halle de marchandises. — Détails.
25. — Ferme articulée pour rotonde de machines. . . . . Portée. 15ᵐ,00
28. — Ferme rigide pour atelier de chaudronnerie. . . . . Portée. 10ᵐ,90
31. — Charpente rigide d'un pavillon. . . . . Portée. 25ᵐ
32. — Charpente rigide d'un pavillon.
35. — Ferme rigide d'une grande cour de camionnage. . . . . Portée. 15ᵐ,00
44. — Ferme rigide de grande galerie avec bas-côtés . . . . Portée. 13ᵐ,00
48. — Ferme double formant soffite en faïence. Portée. 9ᵐ,50
51. — Passerelle et kiosques pour jardin public. Portée. 16ᵐ,00
52. — Passerelle et kiosques pour jardin public. — Détails.
54. — Petite charpente de terrasse.
56. — Charpente d'atelier et de magasins de dépôt, sur colonnes en fonte. . . . . Portée. 8ᵐ,00
57. — Charpente d'atelier et de magasins de dépôt, sur colonnes en fonte. — Coupe longitudinale.
60. — Console en fonte disposée pour recevoir un chariot-palan portant 250 kilogrammes.
64. — Ferme rigide à double entrait curviligne, avec bas-côtés . . . . Portée. 20ᵐ,00
71. — Pont pour voie ferrée avec voie charretière dessous. Élévation et coupe . . . . . . Portée. 40ᵐ,00
72-73. — Pont pour voie ferrée avec voie charretière dessous. — Détails.
79. — Comble roulant d'une salle méridienne pour observatoire, de 8ᵐ × 6ᵐ.
80. — Comble roulant d'une salle méridienne pour observatoire.
81. — Ferme rigide à entrait retroussé brisé, pour atelier. . . . . Portée. 15ᵐ,00
82. — Ferme rigide à entrait retroussé brisé, pour atelier. — Détails.
83. — Ferme rigide pour grandes halles de camionnage et dépôt. . . . . Portée. 10ᵐ,00
84. — Ferme en plein cintre avec lanterneau et galeries latérales au lanterneau . . . . . Portée. 13ᵐ,50
85. — Ferme rigide et planchers de grand chai. Coupe. . . . . Portée. 22ᵐ,80
86. — Ferme rigide et planchers de grand chai. — Détails.

N° des
Planches.

— 8 —

90. — Château-d'eau circulaire à deux bassins superposés. — Ensemble . . . . Diamètre. 6ᵐ,50
91. — Château-d'eau circulaire à deux bassins superposés. — Détails.
92. — Charpente curviligne à pendentifs, formant voûte en arc de cloître, avec bas-côtés. . . Portée. 12ᵐ,00
93. — Charpente curviligne à pendentifs, formant voûte en arc de cloître, avec bas-côtés.
94. — Charpente curviligne à pendentifs, formant voûte en arc de cloître, avec bas-côtés. — Détails.
95. — Charpente curviligne à pendentifs, formant voûte en arc de cloître, avec bas-côtés. — Détails.
96. — Ferme articulée, accrochée sur deux poutres . . . . Portée. 10ᵐ,00
97-98. — Charpente en fer articulée, avec lanterneau roulant, pour pavillon de . . . . . . Portée. 33ᵐ,00
99. — Lanterneau roulant se rapportant à la charpente précédente.
100. — Lanterneau roulant se rapportant à la charpente précédente.

2° CHARPENTES EN BOIS

6. — Charpente de pavillon à quatre poinçons, avec escalier et belvédère. . . . . Portée. 4ᵐ,75
8. — Ferme d'un grand pavillon-chalet. . . . . Portée. 14ᵐ,60
10-11. — Porte décorative pour établissement public. — Élévation . . . . Portée. 7ᵐ,00
12. — Porte décorative pour établissement public. — Coupe.
15. — Ferme rigide sans entraits, système américain à double courbe. . . . . Portée. 30ᵐ,00
16. — Coupe longitudinale de la charpente précédente.
19-20. — Charpente décorative. Villa Mariquita. . . . . Portées 9ᵐ,50 et 4ᵐ,50
26. — Ferme avec galeries latérales et galerie supérieure. . . . . Portée. 15ᵐ,00
27. — Coupe longitudinale de la charpente précédente.
29-30. — Charpente de clocher-campanile.
33. — Ferme de grande galerie entre deux pavillons, avec lanterneau . . . . Portée. 13ᵐ,00
34. — Coupe longitudinale et détails de la charpente précédente.
36. — Kiosque de musique pour ville balnéaire. — Ensemble.
37. — Kiosque de musique pour ville balnéaire. — Détails.
39. — Galerie suspendue en charpente apparente. — Élévation. . . . . Portée. 12ᵐ,00
40. — Galerie suspendue en charpente apparente. — Coupe. . . . . Portée. 8ᵐ,00
42. — Pavillon-campanile. — Élévation. . . . . Portée. 10ᵐ,00
43. — Pavillon-campanile. — Coupe.
53. — Charpente composée pour chariots aériens servant à l'encarrassage des marchandises. Portée. 13ᵐ,00
55. — Superstructure sur deux hangars d'une charpente couvrant la voie charretière . . . . Portée. 12ᵐ,00
58. — Pignon d'une charpente décorative de chalet. — Élévation.
59. — Pignon d'une charpente décorative de chalet. — Coupe transversale.
77. — Kiosque carré pour garde de parc.
87-88. — Grand hôtel pour station balnéaire. — Façade principale.
89. — Grand hôtel pour station balnéaire. — Détails.

3° CHARPENTES MIXTES

1. — Galerie dépendant de l'établissement auquel se rapporte la planche 74. . . . . . . Portée. 13ᵐ,00
2. — Galerie dépendant de l'établissement auquel se rapporte la planche 74. — Détails.
3. — Galerie dépendant de l'établissement auquel se rapporte la planche 74. — Détails.

Nos des Planches.		
23. — Station de voitures publiques. — Élévation.		
24. — Station de voitures publiques. — Coupe et détails.		
38. — Ferme d'atelier avec galerie (ferme en fer avec lanterneau en bois)	Portée.	12^m,00
41. — Charpente mixte sur poutre entrait	Portée.	10^m,00
45. — Planchers moyen âge avec application de la construction moderne.		
46. — Grand hangar en bois reposant sur poutres en fer. — Coupe transversale.		
47. — Grand hangar en bois reposant sur poutres en fer. — Coupe longitudinale.		
49. — Ferme mixte supportant un plancher chargé de céréales.	Portée.	12^m,50
50. — Ferme mixte supportant un plancher chargé de céréales. — Détails.		
61. — Charpente décorative en bois avec lanterneau en fer. — Élévation	Portée.	12^m,50
62. — Charpente décorative en bois avec lanterneau en fer. — Détails.		
63. — Charpente décorative en bois avec lanterneau en fer. — Détails.		
65. — Ferme de pavillon en fer avec lanterneau en bois. — Ensemble.	Portée.	12^m,00
66. — Ferme de pavillon en fer avec lanterneau en bois. — Détails.		
67. — Ferme en fer, articulée, avec lanterneau en bois	Portée.	20^m,00
68. — Ferme en fer, articulée, avec lanterneau en bois. — Détails.		
69. — Ferme de pignon. — Ensemble	Portée.	9^m, 80
70. — Ferme de pignon. — Détails.		
74. — Ferme décorative pour salle de jeux. — Ensemble	Portée.	20^m,00
75. — Ferme décorative pour salle de jeux. — Détails.		
76. — Ferme rigide en fer avec plafonds en bois	Portée.	10^m,00
78. — Grande ferme décorative pour magasin de gros	Portée.	12^m,00

LE
CHARPENTIER-SERRURIER
AU XIXe SIÈCLE.

EXPLICATION DES PLANCHES.

PLANCHES 1, 2 ET 3.

Projet d'une galerie dépendant de l'établissement auquel se rapporte la planche 74.

Cette galerie est de construction mixte, avec charpente en bois décorative et alliage de métal apparent. Mais le bois y joue le rôle principal.

Elle se compose d'une nef centrale de 13 mètres de largeur, et de deux galeries latérales.

Chaque ferme est supportée par huit poteaux, dont quatre de chaque côté. Ces quatre poteaux comprennent entre eux la galerie latérale. Ils sont reliés par une petite ferme, et par la charpente d'un plancher intermédiaire; en sorte qu'ils forment un tout bien solidaire et en état de résister à la poussée de la grande ferme qui n'a pas d'entrait.

Largeur totale de la galerie, hors œuvre. . . . . 24 mètres.
Portée de la ferme, dans œuvre. . . . . 13 —

PLANCHES 4 ET 5.

Coupe d'une lanterne suspendue sur poitrails entre deux magasins (Bordeaux. Cour des Fossés).

Cette lanterne, construite entièrement en fer, est comprise entre deux bâtiments suspendus sur poitrails.

Le pied des fermes vient reposer sur le chapiteau des colonnes en fonte qui supportent les poitrails. Il se rattache aux solives du plancher et aux poitrails eux-mêmes.

Le poids des façades que supportent les poitrails et l'arc-boutement produit par les solives du plancher font équilibre à la poussée de la ferme, et ont permis, sinon de supprimer tout entrait, du moins de relever très haut l'entrait conservé.

Portée des fermes, dans œuvre. . . . . $10^m,25$.
Écartement des fermes, d'axe en axe. . . . . $4^m,00$.

Échantillons des fers.

Arbalétrier et entrait retroussé : fer à **T** de $0^m,080 \times 0^m,075$, pesant $11^k,500$ le mètre.
Cornières de liaison avec les poitrails et solives : $0^m,060 \times 0^m,060$, pesant 7 kilog. le mètre.
Jambette du lanterneau : $0^m,030 \times 0^m,040$.
Poinçon du lanterneau : $0^m,030 \times 0^m,040$.
Tôle de la base des arbalétriers : épaisseur $0^m,007$.
Les autres tôles. . . . . . . épaisseur $0^m,005$.
Fers à vitrage du lanterneau : $0^m,035 \times 0^m,060$, pesant 4 kilog. le mètre.
Anneaux en fer méplat de $0^m,010 \times 0^m,060$.

PLANCHE 6.

Charpente de pavillon à quatre poinçons, avec escalier et belvédère. — Château Desmirail (Médoc).

Cette charpente, entièrement en bois, est d'une élégante simplicité.
Les quatre poinçons forment la cage de l'escalier, et sont directement surmontés du belvédère.
Toutes les pièces de bois sont cotées sur le dessin.

Côté du pavillon. . . . . $4^m,75$.

PLANCHE 7.

Comble curviligne avec terrasse et campanile à la pénétration.

Cette charpente, en tôle et cornières, est disposée pour recevoir des voûtes légères en briques creuses, posées à plat sur deux rangs d'épaisseur, et formant en tout une épaisseur de $0^m,10$, avec joints face apparente, et chape par-dessus.

Portée des fermes. . . . . $16^m,30$.

Arbalétriers composés de 4 cornières de $0^m,060 \times 0^m,060$, pesant 7 kilog. le mètre; et de tôles de $0^m,005$ d'épaisseur.

Cornières formant joints de voussoirs : 0ᵐ,050 × 0ᵐ,050, pesant 4ᵏ,900 le mètre.
Courbe indépendante des arbalétriers recevant la voûte en briques : tôle de 0ᵐ,120 × 0ᵐ,005, et cornières de 0ᵐ,060 × 0ᵐ,060, pesant 7 kilog. le mètre.

PLANCHE 8.

Ferme d'un grand pavillon-chalet. — Saint-Méard de Gurçon (Dordogne).

Côté du pavillon, dans œuvre. 14ᵐ,60

Cette charpente, entièrement en bois, se compose de 4 fermes maîtresses, dont deux dans chaque sens, et de 4 demi-fermes d'arêtier.

Elle comporte 4 poinçons.

Elle est couronnée par un lanterneau de 6ᵐ × 6ᵐ, surmonté lui-même d'un paratonnerre décoratif.

Le poinçon du paratonnerre se trouve lié par deux fermes assemblées sur des poteaux-liernes dépendant des côtés du lanterneau.

Les quatre branches, qui supportent la couronne murale décorant la base du paratonnerre, sont terminées par des pointes de platine, comme le paratonnerre lui-même.

PLANCHE 9.

Grand comble de pavillon pour projet de mairie.

Portée de la ferme, dans œuvre. . . . . 7 mètres.

Ce comble, très élancé, se termine par un lanterneau de 3 mètres sur 3 mètres.
Toute la charpente est en fer.

Échantillons des fers.

Arbalétriers : fer à **T** de 0ᵐ,065 × 0ᵐ,070, pesant 9 kilog. le mètre.
Sous-arbalétriers curvilignes : cornières de 0ᵐ,060 × 0ᵐ,060, pesant 7 kilog. le mètre.
Entrait : 2 fers à **T** de 0ᵐ,065 × 0ᵐ,070, pesant 9 kilog. le mètre.

PLANCHES 10-11 ET 12.

Porte décorative (projet d'entrée d'établissement public).

Largeur de la porte. 7 mètres.

L'ossature en bois de la charpente reste apparente, et forme le motif principal de la décoration.

La planche double 10-11 donne la vue d'ensemble de la porte et fait ressortir son apparence décorative.

La planche 12 donne les échantillons de tous les bois.

PLANCHES 13 ET 14.

Charpente pour petit marché-bazar de ville balnéaire.

La planche 14 donne le plan de cette charpente.
La planche 13 donne la coupe d'une ferme.
Les détails sont répartis sur les deux planches.

Portée des fermes, dans œuvre. . . . . $7^m,00$.
Écartement normal des fermes. . . . . $4^m,00$.
Écartement des deux fermes centrales. . . . . $7^m,50$.

Les fermes, entièrement en fer, ont la forme d'un arc de cercle en tôles et fers spéciaux avec corde de traction et poinçon.

De chaque côté du bâtiment principal règne une marquise ayant une saillie totale de. $3^m,60$

Échantillons des fers.

Arbalétrier supérieur brisé : fer à **T** de $0^m,065 \times 0^m,070$, pesant 9 kilog. le mètre.
Sous-arbalétrier curviligne : 2 cornières de $0^m,045 \times 0^m,045$, pesant $4^k,100$ le mètre.
Tôles découpées reliant l'arbalétrier et le sous-arbalétrier : épaisseur $0^m,005$.
Corde de traction : diamètre $0^m,027$.
Poinçon : diamètre $0^m,012$.
Contre-fiches du lanterneau : $0^m,010 \times 0^m,050$.
Poutres des marquises : 2 fers à **T** de $0^m,046 \times 0^m,050$, pesant 5 kilog. le mètre, entretoisés par des tôles de $0^m,003 \times 0^m,150$.
Consoles des marquises : forgées avec le fer à **T** de $0^m,046 \times 0^m,050$.
Colonnettes de fonte supportant les marquises : diamètre $0^m,090$.

PLANCHES 15 ET 16.

Ferme rigide, sans entraits, pour grande portée, système américain curviligne à double courbe, tout en bois (chantier de construction maritime).

Portée de la ferme, dans œuvre. . . . . 30 mètres.
Écartement des fermes, d'axe en axe . . . . 10 —

La rigidité de cette ferme, qui permet de supprimer tout entrait, est due aux nombreuses moises-liernes et aux croix de Saint-André, qui relient d'une part le double arc en plein cintre et d'autre part les deux arbalétriers, les deux jambes de force verticales, et l'entrait retroussé supérieur.

Le double arc en plein cintre embrasse une série de voussoirs en croix de Saint-André. Il existe une moise-lierne à chacun des abouts de ces voussoirs, et tous les assemblages sont solidement boulonnés.

Ainsi établies, ces fermes n'ont plus besoin que d'être fortement maintenues dans leur verticalité. La planche 16 indique en détail les fermes de roulement qui remplissent cet objet.

PLANCHES 17 et 18.

Terrasse couverte et fermée (exécutée dans un jardin privé, de Bordeaux).

Dimensions de la terrasse en plan. . . . . $4^m,50 \times 4^m,50$.

La couverture de cette terrasse est portée par une série de colonnes en fonte, entre lesquelles se trouvent des châssis vitrés.

Chaque face comporte six châssis, dont deux, ceux des angles, sont fixes. Les quatre autres sont mobiles, et forment deux battants; chaque battant se compose donc de deux châssis, qui se replient l'un sur l'autre et viennent se loger devant le châssis fixe d'angle.

Les colonnes, fondues sur modèles spéciaux, reçoivent les paumelles des châssis ouvrant, et pivotent sur l'axe des colonnettes intérieures.

La toiture est supportée par une charpente extra-légère en fer et bois, à quatre poinçons.

Les arbalétriers sont en bois de $0^m,080 \times 0^m,100$.

Les entraits sont en fers cornières de $0^m,045 \times 0^m,045$, pesant $4^k,100$ le mètre.

Les cornières-entraits servent en même temps à supporter un plafond apparent en bois.

Elles sont masquées par de grosses moulures qui forment compartiments dans le plafond.

PLANCHE 19-20.

Charpente décorative en bois. — Villa Mariquita (Cap Breton).

Portée de la grande ferme. . . . . $9^m,30$.
Portée de la ferme latérale. . . . . $4^m,50$.
Écartement des fermes d'axe en axe. . . . . $4^m,00$.

La planche double donne tous les échantillons des bois.

PLANCHES 21 et 22.

Fermes rigides sur poteaux en fer pour halle de marchandises.

Portée de la ferme. 16 mètres.
Écartement des fermes, d'axe en axe. . . . . 8 —

La charpente de cette halle est tout entière en fer. Elle est disposée pour pouvoir être expédiée outre-mer et pour être à l'abri de l'incendie.

Les poteaux sont composés de quatre fers en ⌐ de $0^m,050 \times 0^m,025$, pesant 4 kilog. le mètre courant, et reliés ensemble par des tôles de 0^m005 d'épaisseur.

L'entrait et tous les petits poinçons sont faits avec ce même fer en ⌐.

Les planches 21 et 22 donnent le détail des assemblages et les échantillons des autres fers.

PLANCHES 23 et 24.

Station de voitures publiques.

Cette construction se compose d'une simple toiture-abri portée par des fermes en tôles et cornières, affectant la forme générale d'un **T**.

Aux extrémités de cet abri se trouvent deux kiosques fermés, l'un pour les contrôleurs, et l'autre pour un marchand de journaux.

Les fermes transversales en tôles et cornières sont contreventées, dans le plan médian, par une série de croix de Saint-André en bois.

Dimensions de la surface couverte : . . . . $10^m \times 5^m$.
Espacement des fermes d'axe en axe. . . . . 2 mètres.

Les planches donnent les échantillons des fers et bois et le détail des assemblages.

PLANCHE 25.

Coupe d'une ferme de rotonde de machines (gare de Bordeaux).

Portée de la ferme, ou diamètre de la rotonde, dans œuvre . . . 15 mètres.

PLANCHES 26 et 27.

Fermes avec galeries pour établissement public.

Cette construction se compose d'une large nef centrale et de deux galeries latérales.

Chacune des galeries latérales est divisée dans sa hauteur par un plancher auquel correspond un balcon donnant sur la nef centrale.

Au-dessus de la nef centrale, un lanterneau renferme encore une galerie.

Chaque ferme est supportée par quatre poteaux, dont deux de chaque côté, entre lesquels règnent les galeries latérales. Chaque groupe de deux poteaux, espacés de 4 mètres l'un de l'autre et solidement reliés l'un à l'autre par deux croix de Saint-André, résiste très énergiquement à la poussée de la ferme centrale. Néanmoins, en raison du peu d'inclinaison des arbalétriers de cette ferme, il n'a point paru prudent de supprimer la corde de traction.

Portée de la ferme centrale. . . . . 15 mètres.
Écartement des fermes d'axe en axe. . . . . 8 mètres.

Echantillons des matériaux.

Poteaux en bois : $0^m,30 \times 0^m,30$.

Chapeaux en bois recevant les assemblages des arbalétriers rectilignes et curvilignes : $0^m,30 \times 0^m,30$.

Arbalétriers rectilignes et curvilignes : $0^m,14 \times 0^m,16$.

Poteaux de lanterneau : $0^m,14 \times 0^m,14$.

Entrait : $0^m,08 \times 0^m,10$.

Poinçon : $0^m,16 \times 0^m,16$.

Épontille reposant sur l'entrait retroussé et recevant le plancher de la galerie du lanterneau : $0^m,14 \times 0^m,16$.

Trois poinçons doubles reliant l'entrait retroussé au plancher en question : $0^m,16 \times 0^m,16$.

Six petites croix de Saint-André, reliant l'entrait retroussé au plancher en question : $0^m,14 \times 0^m,14$.

Corde de traction en fer : diamètre, $0^m,030$.

PLANCHE 28.

Ferme rigide pour atelier de chaudronnerie (Gironde).

Cette ferme, entièrement en fer, se compose d'un arbalétrier curviligne en tôle et cornières, relié par une série d'arcs-boutants et de contre-fiches rivées à un arbalétrier rectiligne supérieur et à un entrait retroussé.

Portée de la ferme dans œuvre. . . . . $10^m,90$.
Espacement des fermes d'axe en axe . . . . 5 mètres.

La planche donne tous les échantillons des fers.

PLANCHE 29-30.

Clocher campanile de Saint-Rémy (Dordogne).

La planche donne le détail de la charpente et toutes les cotes nécessaires à l'intelligence du dessin.

Le petit clocheton-campanile supérieur est destiné à recevoir la cloche de l'horloge, qu'on a élevée le plus haut possible pour que le son en porte plus loin.

PLANCHES 31 et 32

Ferme rigide en construction de tôle et cornières couvrant un pavillon de 25 mètres × 25 mètres.

Des colonnes en fonte, supportant la ferme, à 5 mètres de distance des murs d'appui, forment une galerie de pourtour, éclairée par une lanterne continue.
Au centre se trouve un lanterneau de 7^m,50 × 7^m,50.
La planche 31 donne le plan du pavillon et la coupe de la ferme.
La planche 32 donne divers détails de la charpente.

PLANCHES 33 et 34.

Ferme de grande galerie entre deux pavillons, en projet pour Arcachon (Gironde).

Portée de la nef centrale entre les colonnes en fonte. . . . . . 15 mètres.
Largeur de chacune des galeries latérales. . . . . 5 mètres.

La charpente, presque entièrement en bois, est traitée comme charpente décorative.
Elle est surmontée d'un grand lanterneau de 10 mètres de large. En raison de cette largeur considérable, ce lanterneau est appuyé à deux galeries de 2^m,50 de largeur chacune, formant passage de communication.
Les planches 33 et 34 donnent toutes les cotes des bois de la charpente.
La corde de traction a 0^m,035 de diamètre.
Le petit poinçon sous-tendeur a 0^m,018 de diamètre.

PLANCHE 35.

Coupe d'une ferme de grande cour de camionnage.

Portée de la ferme dans œuvre. . . . . 15 mètres.
Écartement des fermes d'axe en axe. . . . . 5 mètres.

Cette ferme, extrêmement légère, est entièrement construite avec des cornières de $0^m,035 \times 0^m,035$ pesant $2^k,600$ le mètre courant, sauf les poinçons du lanterneau qui sont en cornières de $0^m,030 \times 0^m,030$.

Elle est presque complètement vitrée.

La poussée de la ferme est détruite par sa forme même, l'arbalétrier curviligne inférieur assurant la rigidité des angles formés par les côtés du pentagone circonscrit.

PLANCHES 36 ET 37.

Kiosque de musique pour ville balnéaire (Royan).

La charpente en bois de ce kiosque est traitée au point de vue décoratif.

On a obtenu une grande solidité et une grande résistance au vent, sans sacrifier la légèreté, par l'emploi des poteaux en forme de croix de Saint-André dont l'effet est des plus pittoresques.

PLANCHE 38.

Ferme d'atelier avec galerie.

Portée de la ferme entre les colonnes en fonte.	12 mètres.
Largeur des galeries latérales.	2 mètres.
Écartement des fermes d'axe en axe.	4 mètres.

Les arbalétriers, jambes de force, entraits, sont composés de fers à **T** de $0^m,065 \times 0^m,070$, pesant 9 kilog. le mètre, reliés entre eux par des fers méplats de $0^m,010 \times 0^m,060$, et rivés de chaque côté des fers à **T**.

L'assemblage du pied des fermes sur la tête des colonnes, et celui du pied du lanterneau est fait avec des tôles de $0^m,010$ d'épaisseur.

PLANCHES 39 ET 40.

Galerie suspendue en charpente apparente. — Château du Puy (Indre).

La charpente de cette galerie, tout en bois, est très ornée.

Largeur de la galerie entre les poteaux intérieurs	8 mètres.
Longueur de la galerie suspendue, entre les points d'appui	12 mètres.

PLANCHE 41.

Charpente mixte sur poutre-entrait. — La Sauve (Gironde).

Cette charpente, tout en fer, est celle d'un vaste grenier à fourrage qui forme premier étage au-dessus d'une grande étable.

Les poutres en fer du plancher sont traitées très solidement, en raison de la charge considérable qu'elles doivent supporter (2000 kilogr. par mètre carré). Elles servent en même temps d'entrait pour résister à la poussée des fermes.

Les fermes sont entièrement composées en cornières de $0^m,060 \times 0^m,060$, pesant 7 kilog. le mètre, et en tôles de $0^m,007$ d'épaisseur.

On remarquera la saillie considérable du toit, qui a permis de ne pas faire monter les murs jusqu'à la rencontre de la toiture, ce qui ménage une ventilation puissante.

Portée des fermes dans œuvre. . . . . 10 mètres.
Espacement des fermes d'axe en axe . . . . 4 mètres.

PLANCHES 42 et 43.

Pavillon campanile. — Château-Villaure (Gironde).

Cette charpente, tout en bois, est représentée dans tous ses détails sur la planche 43, qui donne les échantillons de tous les bois. La planche 42 fait comprendre l'effet qu'on a su tirer de la mise en évidence des bois de la charpente, grâce à une très simple ornementation.

Côté du pavillon dans œuvre . . . . 10 mètres.

PLANCHE 44.

Ferme de grande galerie avec bas-côtés.

Largeur de la nef centrale, dans œuvre. . . . . 13 mètres.
Largeur des bas-côtés   —   . . . . $3^m,65$
Espacement des fermes d'axe en axe. . . . . 4 mètres.

Cette ferme, tout en fer, est formée de deux arbalétriers rectilignes recouvrant à la fois la grande nef centrale et les deux bas-côtés. Ces deux arbalétriers sont soutenus par trois sous-arbalétriers en arc de cercle, correspondant aux trois nefs. Entre la nef centrale et chacun des bas-côtés, un chevalet en fer supporte l'arbalétrier par sa tête, reçoit à sa base le pied des sous-arbalétriers voisins, et achève ainsi d'assurer l'invariabilité des angles de la ferme, qui n'a pas d'entrait.

Les arbalétriers, sous-arbalétriers et poteaux sont faits en fer à **T** de 0^m,075 × 0^m,080, pesant 11^k,500 le mètre.

Ces fers à **T** sont reliés par des tôles, qui ont à la base 0^m,010 d'épaisseur, et partout ailleurs 0^m,007 d'épaisseur.

PLANCHE 45.

Détails de planchers moyen-âge avec application de la construction moderne.

La construction moderne est représentée dans ce plancher par les poutres en fer qui lui donnent une très grande solidité. Elles remplacent les énormes pièces de bois de choix qu'on se procurerait difficilement aujourd'hui.

Ces poutres sont masquées par des bois de dimension et de qualité ordinaires, boulonnés avec elles, et elles sont habillées de planches et de moulures.

Les solives sont en bois avec habillage en planches et moulures.

PLANCHES 46 et 47

Grand hangar en bois reposant sur poutres en fer.

Ce grand hangar est construit entre deux corps de bâtiments distants de 16^m,20.

Le dessous du hangar devant rester entièrement libre pour la circulation, le hangar entier repose sur 4 grandes poutres en fer ayant une portée de 16^m,20.

Écartement des poutres d'axe en axe 4 mètres.

Ces poutres sont composées de fers à **T**, de cornières et de fers plats dont tous les échantillons sont donnés sur la planche 47.

Le plancher dont elles forment l'ossature principale peut porter 1200 kilog. par mètre carré.

Au-dessus de ce plancher, toute la charpente est en bois et traitée très simplement.

Des fermes simples recouvrent toute la largeur du hangar et sont supportées par quatre poteaux en bois, dont un au-dessus de chacune des poutres en fer.

PLANCHE 48.

Projet de galerie pour constructions industrielles. Ferme double formant soffite en faïence.

Portée de la ferme . . . . 9^m,50

La ferme double de cette galerie, en fer et fonte, est traitée au point de vue décoratif.

La disposition générale de chacune des fermes composantes est celle que nous avons déjà décrite plusieurs fois : un sous-arbalétrier curviligne, qui dans le cas présent affecte la forme d'un plein cintre, est tangent aux deux arbalétriers rectilignes et à deux jambes de force verticales.

En entretoisant convenablement le sous-arbalétrier et les autres pièces, on obtient une ferme rigide qui se passe très facilement d'entrait.

Dans le cas présent, la liaison des sous-arbalétriers avec les arbalétriers et jambes de force est obtenue par des fers ouvragés décoratifs. D'autre part, la face interne des sous-arbalétriers est garnie d'une frise-voussoir en fonte, qu'on doit considérer plutôt comme décor, bien qu'elle contribue dans une certaine mesure à la solidité de la charpente.

Les arbalétriers, sous-arbalétriers et jambes de force sont formés de :
Un fer méplat de $0^m,050 \times 0^m,015$.
Un fer à ⊔ de $0^m,050 \times 0^m,025 \times 0^m,006$.

PLANCHES 49 ET 50.

Ferme mixte supportant un plancher chargé de céréales. — Blanquefort (Gironde).

Portée de la ferme dans œuvre . . . . $12^m,50$.
Écartement des fermes d'axe en axe . . . . 4 mètres.
Poids que doit supporter le plancher . . . . $3,000^k$, par mètre.

Cette ferme, dont les planches 49 et 50 donnent tous les détails, est remarquable par sa simplicité et sa légèreté, étant donnée la charge exceptionnelle qu'elle supporte.

PLANCHES 51 ET 52.

Passerelle et kiosques pour jardin public (exécutés dans un parc privé dans la Dordogne).

Portée de la passerelle . . . . 16 mètres.
Largeur   —   . . . . 3 mètres.

La passerelle, tout en fer et fonte, est traitée comme décor du parc. Les petits kiosques qui l'accompagnent n'ont d'autre utilité que l'effet produit.

La passerelle est portée par deux poutres principales, dont la grande courbe est composée de la manière suivante :

8 cornières de $0^m,045 \times 0^m,045$, pesant $4^k,100$ le mètre.
1 semelle de $0^m,010 \times 0^m,160$.
1 tôle ajourée de $0^m,350 \times 0^m,007$.

Petites cornières normales, figurant voussoirs : $0^m,040 \times 0^m,040$, pesant $3^k,300$ le mètre.
Le limon est formé d'un fer ⊔ de $0^m,100$ de largeur.
Les solives du plancher sont formées d'un fer **I** de $0^m,100$ de hauteur, à ailes ordinaires.

PLANCHE 53.

Charpente composée pour chariots aériens permettant l'encarrassage des marchandises.
Château Beauséjour (Gironde).

Portée de la ferme, dans œuvre. . . . . 13 mètres.
Espacement des fermes d'axe en axe. . . . . $3^m,80$

La ferme de cette charpente est traitée très vigoureusement parce qu'elle supporte les chemins de roulement de cinq chariots à palans destinés à l'encarrassage des marchandises et pouvant lever 250 kilogrammes chaque.

Elle est presque entièrement en bois, et comprend, outre le poinçon central, quatre poinçons de chaque côté.

Le poinçon central et deux poinçons latéraux de chaque côté sont armés chacun de 4 cornières, formant les supports des chemins de roulement.

Ces cornières ont $0^m,070 \times 0^m,070$ et pèsent $9^k,350$ le mètre.

Leur partie inférieure se recourbe en forme de talons sur lesquels viennent s'asseoir de fortes équerres solidement rivées aux cornières. Ce sont ces équerres qui portent les rails du chemin de roulement.

En ce qui concerne les chariots à palans, ce sont les mêmes que ceux dont le détail est donné à la planche 60, à propos d'une autre charpente.

PLANCHE 54.

Petite charpente de terrasse (Bordeaux).

Cette petite charpente, tout en fer, est traitée avec un certain luxe.

Portée de la ferme totale . . . . $4^m,10$.
—   — entre les poteaux du centre. . . . . 2 mètres.

La planche donne le détail et l'échantillon de tous les fers.

PLANCHE 55.

Superstructure, sur deux hangars, d'une charpente couvrant la voie charretière de l'établissement.
La Souys (Gironde).

Cette superstructure a été élevée après coup, les deux hangars existant déjà. Le tracé de sa charpente a été fait de manière à n'y employer que de petits bois.

Portée de la ferme.	12 mètres.
Espacement des fermes d'axe en axe.	4 mètres.

Les bois sont cotés sur le dessin. Quant aux fers, en voici les cotes :
Corde de traction : $0^m,028$ de diamètre.
Poinçon : $0^m,012$ de diamètre.
Fer à vitre du lanterneau, $0^m,060 \times 0^m,035$, pesant 4 kilogrammes le mètre.

PLANCHES 56 et 57.

Charpente d'ateliers et magasins de dépôt à Buenos-Ayres.

Portée de la ferme centrale.	8 mètres.
Largeur des bas-côtés	2 mètres.
Écartement des fermes d'axe en axe, alternativement.	4 mètres et $1^m,75$.

La ferme centrale a sa charpente entièrement formée de cornières de $0^m,055 \times 0^m,055$.
Les colonnes en fonte qui supportent la grande ferme ont à la base $0^m,250 \times 0^m,250$; et au premier étage $0^m,200 \times 0^m,200$.

PLANCHES 58 et 59.

Pignon d'une charpente décorative. — Chalet près Pau.

Le gracieux effet de ce pignon est obtenu par la mise en évidence des pièces de bois de la charpente, par leur habile disposition et leur ornementation discrète.

La peinture, qui n'est pas indiquée sur nos planches, complétera l'effet décoratif si elle est traitée avec goût.

Tous les détails des échantillons sont donnés par les planches.

PLANCHE 60.

Console en fonte disposée pour recevoir un chariot-palan aérien destiné au transbordement de gros colis.

La planche 60 donne non-seulement le détail de la console, mais encore celui du chariot-palan, fait pour porter 250 kilogrammes.

On remarquera que cette console ne porte pas seulement les rails du chariot-palan; elle porte en outre, à sa partie supérieure, un balcon en tôle et bois. Ses formes sont appropriées à ce double but.

PLANCHES 61, 62 ET 63.

Charpente décorative. — Ile Maurice.

Portée des fermes . . . . 12^m,50.
Écartement des fermes d'axe en axe. . . . . 4 mètres.

Le bois constitue l'élément principal de ces fermes. Le fer n'y entre que pour la corde de traction, le poinçon sous-tendeur, et pour la toiture du lanterneau.

Leur forme est d'ailleurs aussi simple que possible, et l'effet décoratif est surtout obtenu, comme dans les autres charpentes décoratives décrites précédemment, par l'habile mise en évidence des bois et fers constitutifs de la charpente.

PLANCHE 64.

Ferme de 20 mètres, à double entrait curviligne. — Ile de la Réunion.

Portée de la nef principale. . . . . 20 mètres.
Largeur des bas-côtés . . . . 3^m,50.
Écartement des fermes d'axe en axe . . . . 4 mètres.

Cette ferme reproduit une disposition qui se retrouve dans un grand nombre de charpentes décrites précédemment, celle des bas-côtés formés par deux rangées de colonnes fortement entretoisées de manière à résister efficacement à la poussée de la ferme, sans corde de traction.

La ferme est entièrement métallique et rigide. Elle est formée de tôles et de cornières, dont le détail et les cotes sont donnés sur la planche.

PLANCHES 65 et 66.

Ferme de pavillon de 12 mètres de portée dans œuvre.

La charpente de ce pavillon est entièrement métallique, à l'exception du lanterneau de 4 mètres × 4 mètres, qui la surmonte et qui est en bois.

Elle se compose de 4 fermes, dont 2 de chaque sens, et de 4 demi-fermes d'arêtier. Elle comporte 4 poinçons.

Échantillons des fers de la ferme.

Les arbalétriers sont composés de 2 fers à **T** de $0^m,075 \times 0^m,080$, pesant $11^k,5$ le mètre, reliés entre eux par des tôles ajourées de $0^m,200 \times 0^m,007$.

Tôles reliant les arbalétriers à la tête et au pied : $0^m,005$ d'épaisseur.

PLANCHES 67 et 68.

Charpente mixte à grande portée. — Atelier de fonderie (Bordeaux).

Portée de la ferme . . . . 20 mètres.

Cette ferme, presque exclusivement métallique, est en quelque sorte la ferme classique, composée d'éléments articulés : les arbalétriers rectilignes en fers à **I**, les poinçons, cordes de traction et tirants en fer rond, les contre-fiches en fonte.

L'exécution est aussi simple que possible et vise peu à l'effet décoratif. Néanmoins, à cause de l'intérêt pratique de cette construction, nous en avons donné, dans les planches 67 et 68, des détails très complets et soigneusement cotés.

PLANCHES 69 et 70.

Charpente décorative d'un pignon. — En projet pour le Boucaut (Basses-Pyrénées).

Le bois joue le rôle principal dans cette charpente. Mais le métal y entre à deux titres différents. Sous forme de tôles et de cornières, il arme les poutres du premier étage. Sous forme de consoles en fonte, il assure d'une manière très efficace l'invariabilité des angles des diverses pièces de bois. Sous cette seconde forme, il est apparent et contribue puissamment à l'effet décoratif.

Suivant un type dont nous avons déjà eu l'occasion d'exposer les avantages au point de vue de la solidité, la construction est divisée en une nef centrale et deux bas-côtés.

Largeur de la nef centrale. . . . . 9^m,80.
Largeur des bas-côtés. . . . . 3^m,60.
Écartement des fermes d'axe en axe . . . . 5 mètres.

En suivant les formes mêmes de la charpente, on a été conduit à donner aux plafonds des différentes parties de l'édifice les formes les plus variées. Ainsi, au rez-de-chaussée, le plafond de la nef centrale est brisé, et celui des bas-côtés horizontal. Au premier étage, la nef centrale est recouverte d'une voûte en plein cintre avec pendentifs, et les bas-côtés sont recouverts d'un plafond à deux pentes.

PLANCHES 71 et 72-73.

Pont pour voie ferrée avec voie charretière dessous, à cheval sur un cours d'eau.

L'étude représentée par les planches 71 et 72-73 ne se rapporte pas à l'ensemble du pont, mais seulement à son tablier métallique. Les piles en maçonnerie ne sont qu'indiquées au point de vue de la forme, sans étude de détail.

En ce qui concerne le tablier, les dessins sont très détaillés.

Portée du pont entre les piles centrales. . . . . 40 mètres.
Largeur de la travée centrale correspondant à la voie charretière
et aux deux voies ferrées principales . . . . 7^m,50
Largeur des bas-côtés correspondant aux trottoirs et aux voies
ferrées de service. . . . . 2^m,50

PLANCHES 74 et 75.

Charpente mixte et décorative pour salle de jeux. — Projet pour Pau.

Portée de la ferme, grande nef. . . . . 20 mètres.
— — bas-côtés . . . . 3 mètres.

Dans cette charpente, nous retrouvons, comme aux planches 69 et 70, la fonte largement employée, sous forme de consoles, pour assurer l'invariabilité des angles de la charpente en bois. Ces consoles ouvragées se marient heureusement au bois au point de vue décoratif.

Le projet représenté par les planches 74 et 75 se rapporte au même établissement que la galerie représentée par les planches 1 et 2.

PLANCHE 76.

Ferme mixte et décorative. — Propriété de Mirecourt (Charente-Inférieure).

Cette ferme recouvre une galerie resserrée entre deux fortes murailles.

Elle est formée de tôles et de cornières et affecte, à l'intérieur, la forme d'un arc de plein cintre. Elle porte un toit à deux rampants et un lanterneau.

Portée de la ferme dans œuvre . . . . 10 mètres.
Espacement des fermes d'axe en axe . . . . 4 mètres.

Cette ferme est traitée avec un certain luxe décoratif et les plafonds rampants qu'elle supporte doivent être largement décorés par la disposition de leurs bois qui restent apparents.

PLANCHE 77.

Kiosque carré pour garde de parc. — Exécuté pour garde-vignoble (Médoc).

Faire une construction élevée, et occupant une très faible surface horizontale, simple et élégante à la fois, tel est le problème difficile qu'on a cherché à résoudre en étudiant le kiosque représenté planche 77. On y est arrivé en employant le bois, en lui donnant les formes les plus rationnelles au point de vue de la solidité, et en mettant en évidence toute l'ossature de la construction.

PLANCHE 78.

Charpente mixte. — Magasin de gros (Bordeaux).

Portée de la ferme dans œuvre. . . . . 12 mètres.

Les arbalétriers et l'entrait retroussé de cette ferme sont en bois. Les extrémités de ces pièces de bois sont encastrées dans des sabots en fonte, dessinés de manière à former consoles pour maintenir l'invariabilité des angles.

La corde de traction et le poinçon sont en fer.

Le tout est surmonté d'un lanterneau dont la charpente est également formée de bois avec sabots et consoles en fonte.

Les fontes apparentes contribuent à l'effet décoratif.

PLANCHES 79 et 80.

Comble roulant d'une salle méridienne pour observatoire (Bordeaux).

La salle couverte par ce comble a les dimensions suivantes :

Longueur dans œuvre . . . . 8 mètres.
Largeur   —   . . . . 6 mètres.

Le comble est formé de deux demi-calottes venant se réunir suivant le grand axe de la salle et pouvant s'éloigner l'une de l'autre en roulant sur trois rails parallèles au petit axe.

Le mouvement est donné par une manivelle à l'arbre vertical que la planche 80 montre dans l'épaisseur du mur latéral, et qui porte à sa partie supérieure un pignon conique. Ce pignon engrène avec un autre pignon qui forme écrou autour d'une vis horizontale. Comme ce second pignon ne peut se déplacer longitudinalement, il entraîne la vis, et comme celle-ci est liée invariablement à la demi-calotte, cette dernière s'avance dans le sens de la longueur de la vis.

Les planches 79 et 80 donnent en détail les cotes de la charpente mobile des deux demi-combles.

PLANCHES 81 et 82.

Ferme à entrait retroussé brisé. — Atelier de tonnellerie à Quinsac (Gironde).

Portée de la ferme entre les murs extrêmes . . . . 20 mètres.
— — entre les colonnes . . . . 15 mètres.
Espacement des fermes d'axe en axe . . . . 5 mètres.

Cette ferme est en fer, rigide et composée presque exclusivement de tôles et de cornières. Malgré sa simplicité, elle arrive à l'effet décoratif presque sans addition d'ornements.

On remarquera combien cette charpente est dégagée et permet la bonne utilisation de l'espace couvert. C'est dans un but de dégagement que la sablière de roulement sur la tête des colonnes, représentée par la planche 82, affecte la forme d'un arc surbaissé.

PLANCHE 83.

Ferme de grandes halles pour camionnage et dépôt (Bordeaux).

Portée de la ferme dans œuvre . . . . 10 mètres.
Espacement des fermes d'axe en axe . . . . 4 mètres.

Cette ferme reproduit, sous une forme un peu différente, une disposition générale déjà étudiée sur plusieurs des planches qui précèdent. Les poutres du plancher du premier étage forment les entraits des fermes. Au-dessus du plancher, un sous-arbalétrier en cornières de $0^m,045 \times 0^m,045 \times 0^m,006$ décrit un arc de plein cintre, et est tangent à 2 jambes de force verticales, à 2 arbalétriers rectilignes et à un entrait retroussé, le tout en tôles et cornières. Des tôles et des cornières transversales relient ces différentes pièces entre elles. Enfin les jambes de force des fermes des deux travées voisines sont reliées par des croix de Saint-André en tôles et cornières, de manière à former de solides chevalets reposant sur les murs du rez-de-chaussée.

PLANCHE 84.

Coupe d'une ferme de grand atelier (Angoulême).

Portée de la ferme dans œuvre . . . . 13^m,50
Écartement des fermes d'axe en axe. . . . . 4 mètres.

Les formes un peu étranges de cette ferme métallique ont été combinées en vue des dégagements intérieurs qui étaient imposés. Il fallait de plus ne point laisser de charpente saillante à l'intérieur des pièces, et il fallait donner partout une lumière suffisante.

Toute la construction est faite en cornières de 0^m,070 × 0^m,070 × 0^m,009, et en tôles 0^m,007 d'épaisseur.

PLANCHES 85 ET 86.

Ferme et planchers de grand chai (Bordeaux).

Le chai comprend un rez-de-chaussée et un premier étage, dans chacun desquels les barriques sont engerbées en quatre rangs sur la hauteur. Le plancher du comble ne sert que comme débarras, et a surtout pour but de former au-dessus du chai un matelas d'air suffisant pour protéger le vin contre la chaleur des rayons solaires.

Il y a peu de chose à ajouter aux indications du dessin en ce qui concerne le comble.

Portée de la ferme. . . . . 22^m,80,

Mais il convient d'ajouter quelques mots sur la disposition du plancher du premier étage.

Les rangées de barriques sont toujours accouplées contre les colonnes, de manière à reporter la charge aussi près que possible des poutres. Les barriques reposent, par l'intermédiaire de chantiers en bois, sur des solives-tins formées d'un fer I de 0^m,180 × 0^m,100 × 0^m,009.

Ces solives-tins sont supportées par les solives proprement dites qu'elles relient entre elles, et qui sont formées elles-mêmes d'un fer à I de 0^m,200 × 0^m,110 × 0^m,010.

Au-dessous de chaque barrique et entre les solives-tins sont des augets en ciment, bien lissés, disposés de manière à recueillir le vin que pourrait laisser couler la barrique.

PLANCHES 87-88 ET 89.

Grand hôtel projeté pour la station balnéaire de Soulac (Gironde).

La planche double 87-88 donne l'élévation de la façade projetée.
Nous ne donnons pas le détail coté de la charpente de l'ensemble de l'hôtel. Mais nous avons

tenu à montrer sur une grande échelle le parti qu'on pouvait tirer, au point de vue décoratif, des systèmes de charpente apparente étudiés dans le cours de cet ouvrage. C'est dans cette intention que nous donnons l'élévation de la planche 87-88, et les quelques détails annexes réunis sur la planche 89.

PLANCHES 90 ET 91.

Château-d'eau circulaire, exécuté à Saint-Martin (Landes).

Ce château-d'eau comporte, au rez-de-chaussée, une tour circulaire en maçonnerie ayant comme diamètre, dans œuvre. . . . . 6^m,50

Dans cette tour se trouve le manège servant à l'élévation de l'eau. Sur le plancher du premier étage, dont le détail est donné par la planche 91, se trouve assis le bassin inférieur, servant de trop-plein et alimentant les servitudes. Au-dessus se trouve le bassin destiné à l'alimentation de la maison d'habitation. Ce second bassin est supporté par douze grandes consoles en tôles et cornières dont le détail est donné par la planche 91, et qui forment l'ossature du comble de l'édifice.

PLANCHES 92, 93, 94 ET 95.

Charpente curviligne à pendentifs formant voûte en arc de cloître.

Cette charpente est celle du pavillon-restaurant des glaciers, projeté pour Luchon (Hautes-Pyrénées). La planche 92 donne le plan et la coupe de l'édifice. C'est un pavillon de . . . . 12^m × 12^m, entouré de bas-côtés de. . . . . 4 mètres de large.

Les fermes, au nombre de deux dans chaque sens, et les quatre demi-fermes d'arêtier dessinent la forme de l'arc de cloître. Elles sont composées de deux arcs superposés : l'arc supérieur qui travaille à la traction est en fer (tôles et cornières) et l'arc inférieur qui travaille à la compression est en fonte. On remarquera l'importance donnée aux pendentifs de la clé de voûte; indépendamment de l'effet décoratif, on a cherché, en chargeant la voûte à la clé, à assurer le travail du métal dans les conditions de traction et de compression indiquées plus haut.

Ces fermes n'ont pas d'entrait; leur poussée est supportée par les bas-côtés, qui répondent aux besoins de la distribution intérieure, contribuent puissamment à la solidité de l'édifice, et sont enfin un des principaux éléments de l'effet architectural produit. Les quatre pavillons d'angle accentuent l'effet des bas-côtés à la retombée des demi-fermes d'arêtier.

Sans entrer ici dans le détail de la construction qui est donné sur les planches avec toutes les cotes nécessaires, nous signalerons les heureux effets obtenus avec les céramiques enchâssées entre les deux colonnes en fonte de chaque poteau.

PLANCHE 96.

Ferme en fer de 10 mètres accrochée sur deux poutres. — Magasin de lainage (Bordeaux).

Portée de la ferme, dans œuvre. . . . . 10 mètres.

Cette ferme, entièrement métallique, est du type articulé auquel appartient la ferme de la planche 67.

Elle est dessinée dans tous ses détails et avec toutes les cotes nécessaires.

PLANCHES 97-98, 99 ET 100.

Charpente en fer avec lanterneau roulant.

Cette charpente est celle d'un immense pavillon de. . . 33 × 33^m.
Avec bas-côtés de. . . . . 3^m,50 de largeur.

Les fermes principales ont des arbalétriers rectilignes en tôles et cornières soutenus par des tirants en fer et des arcs-boutants en fonte, le tout articulé. Elles reposent sur des colonnes en fonte jumellées, et sont arc-boutées par de vigoureuses croix de Saint-André qui surmontent les bas-côtés.

Les planches 99 et 100 donnent le détail du lanterneau roulant et de son chemin de roulement. Cette disposition de lanterneau est précieuse pour aérer les grandes salles de réunion comme celle qui nous occupe, tout en permettant de les couvrir entièrement quand les intempéries le rendent nécessaire.

Largeur de l'ouverture du lanterneau roulant. . . . . 10 mètres.

Paris. — Typographie Georges Chamerot, 19, rue des Saints-Pères. — 10234.

LE CHARPENTIER-SERRURIER AU XIXᵉ SIÈCLE

(ALLIAGE DE MÉTAL APPARENT) CONSTRUCTION MIXTE (CHARPENTE DÉCORATIVE)

(PROJET D'UNE GALERIE DÉPENDANT DE L'ÉTABLISSEMENT COMPRIS DANS LA FEUILLE 7⁴)

COUPE D'UNE FERME

Échelle de 0ᵐ01 pour 1ᵐ00

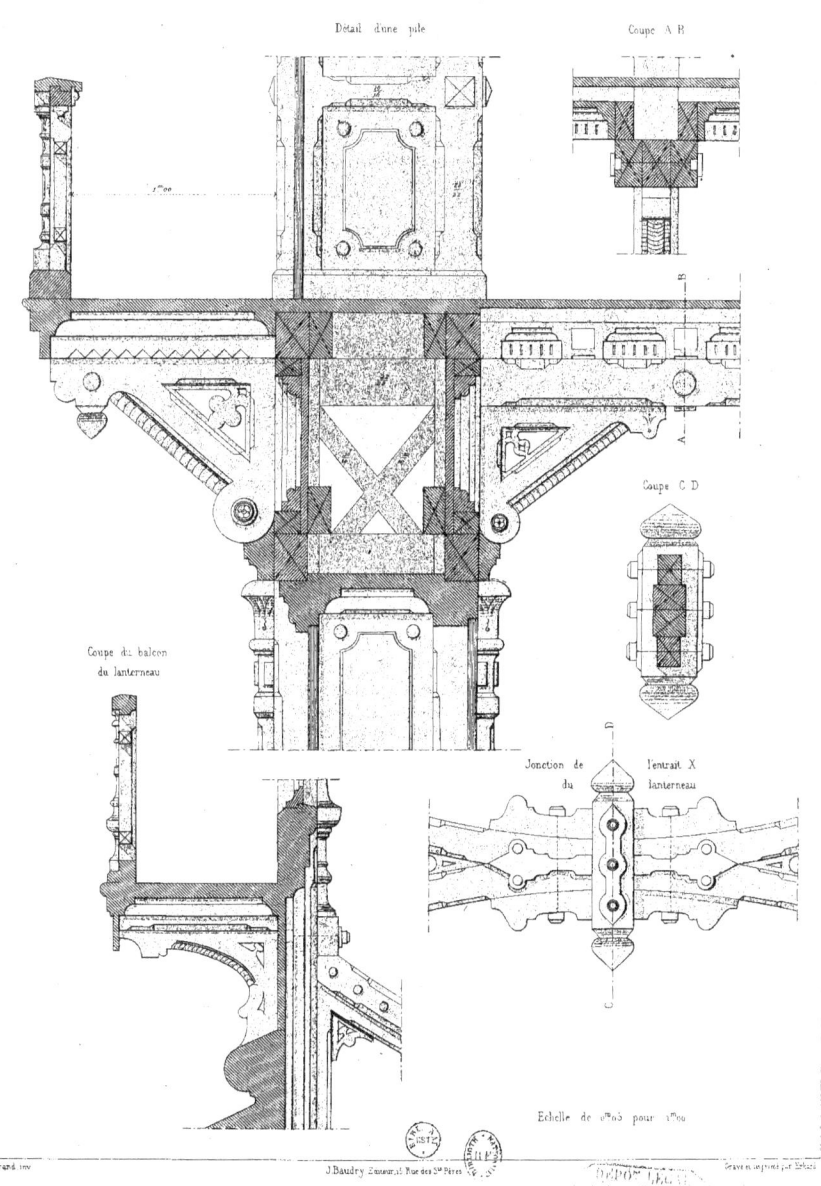

LE CHARPENTIER-SERRURIER AU XIXᵉ SIÈCLE

(ALLIAGE DU MÉTAL APPARENT)   CONSTRUCTION MIXTE   (CHARPENTE DÉCORATIVE)

Élévation de la frise et balcon couronnant le rez-de-chaussée

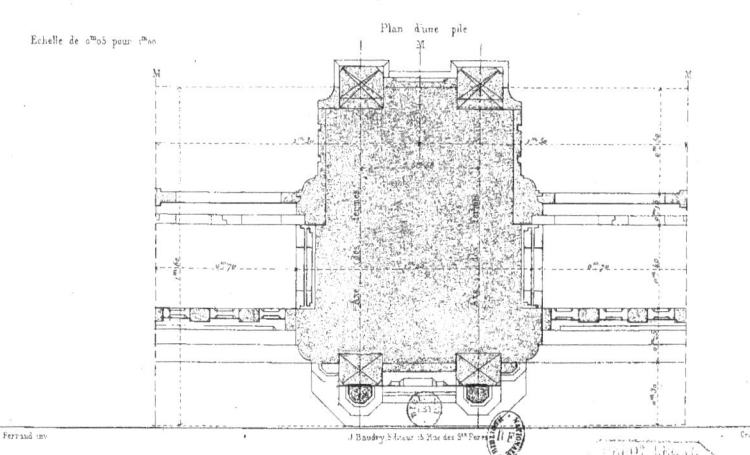

Échelle de 0ᵐ,05 pour 1ᵐ,00   Plan d'une pile

LE CHARPENTIER-SERRURIER AU XIXᵉ SIÈCLE.

COUPE D'UNE LANTERNE SUSPENDUE SUR POITRAILS ENTRE DEUX MAGASINS
(BORDEAUX) COUR DES FOSSÉS

LE CHARPENTIER-SERRURIER AU XIXᵉ SIÈCLE

DÉTAILS DE LA COUPE D'UNE LANTERNE SUSPENDUE SUR POITRAILS
BORDEAUX — COURS DES FOSSÉS

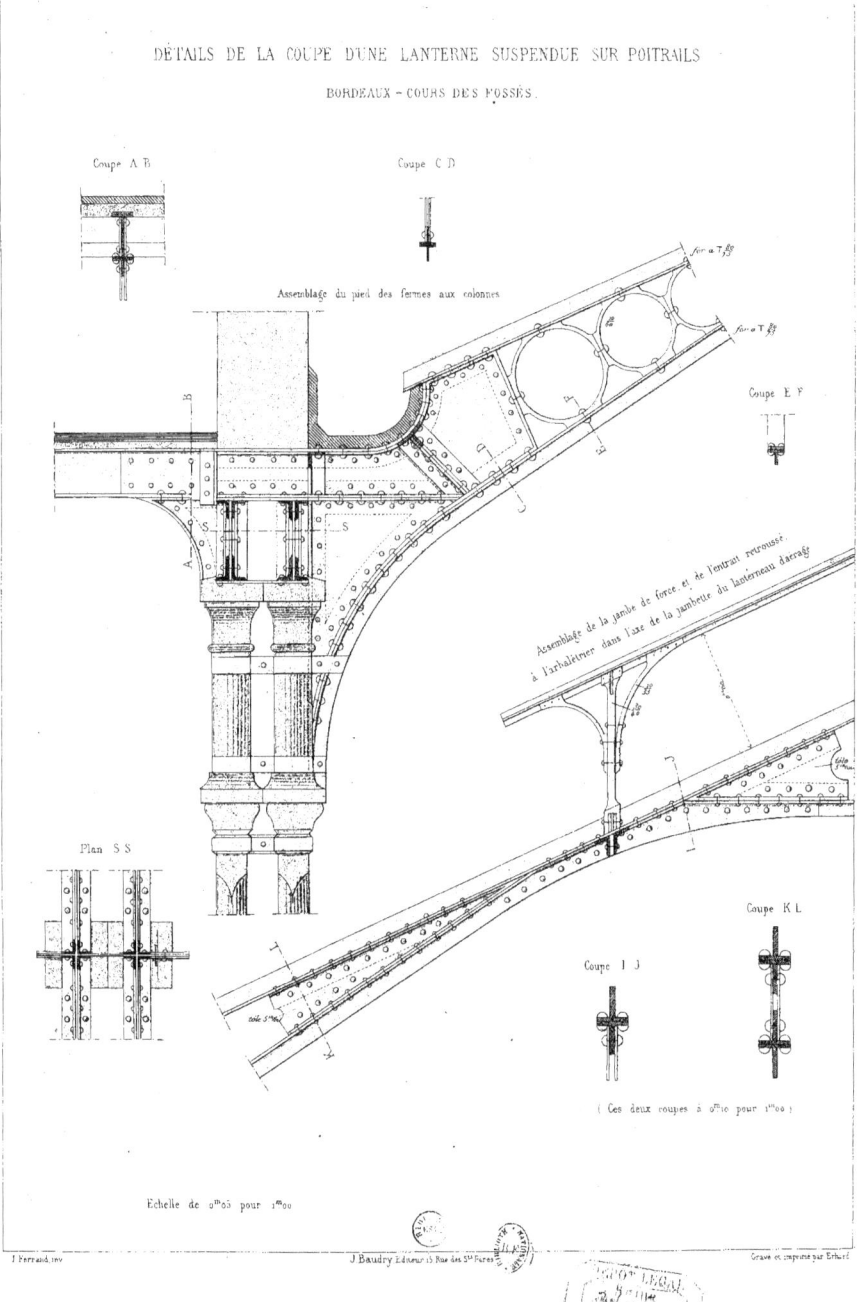

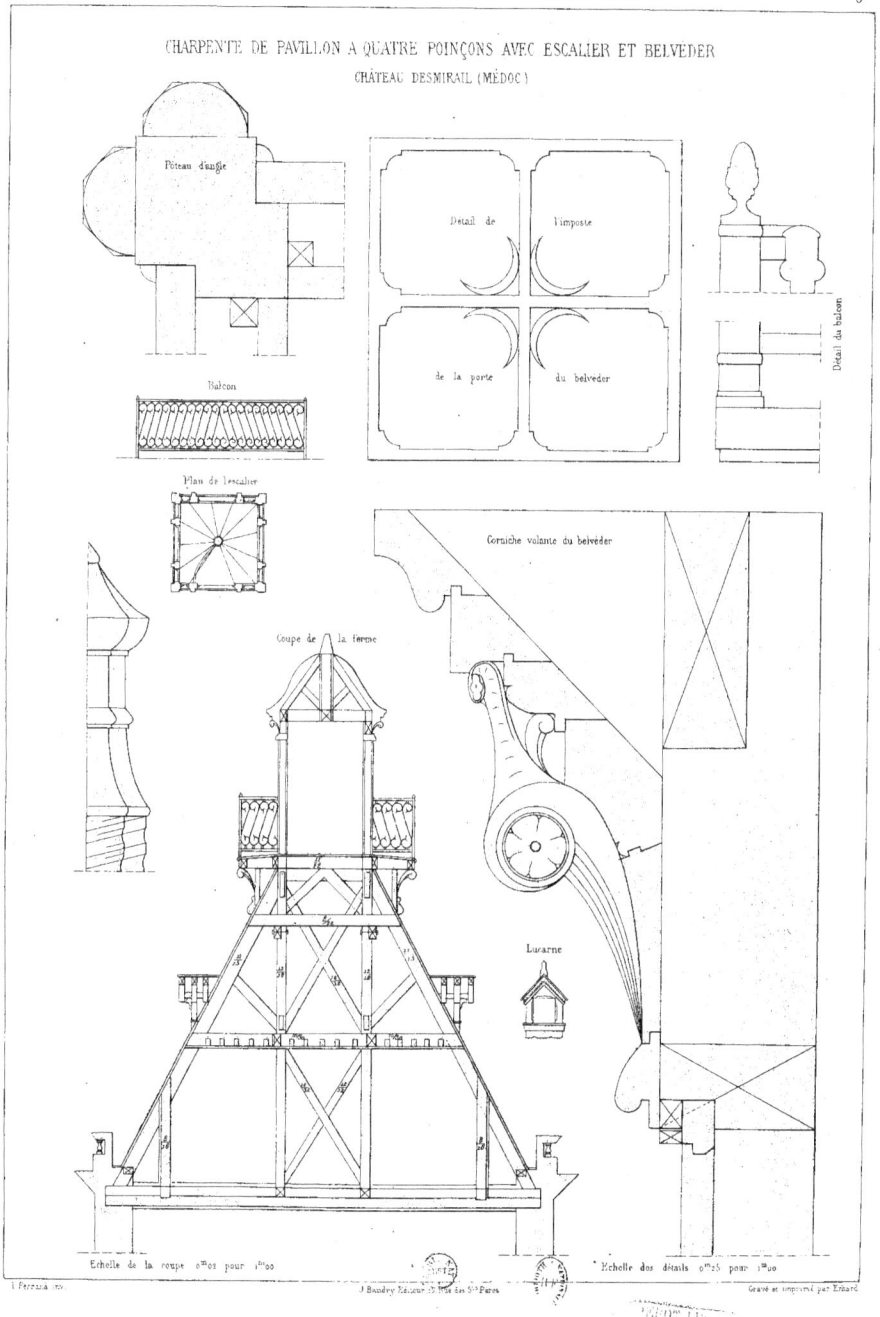

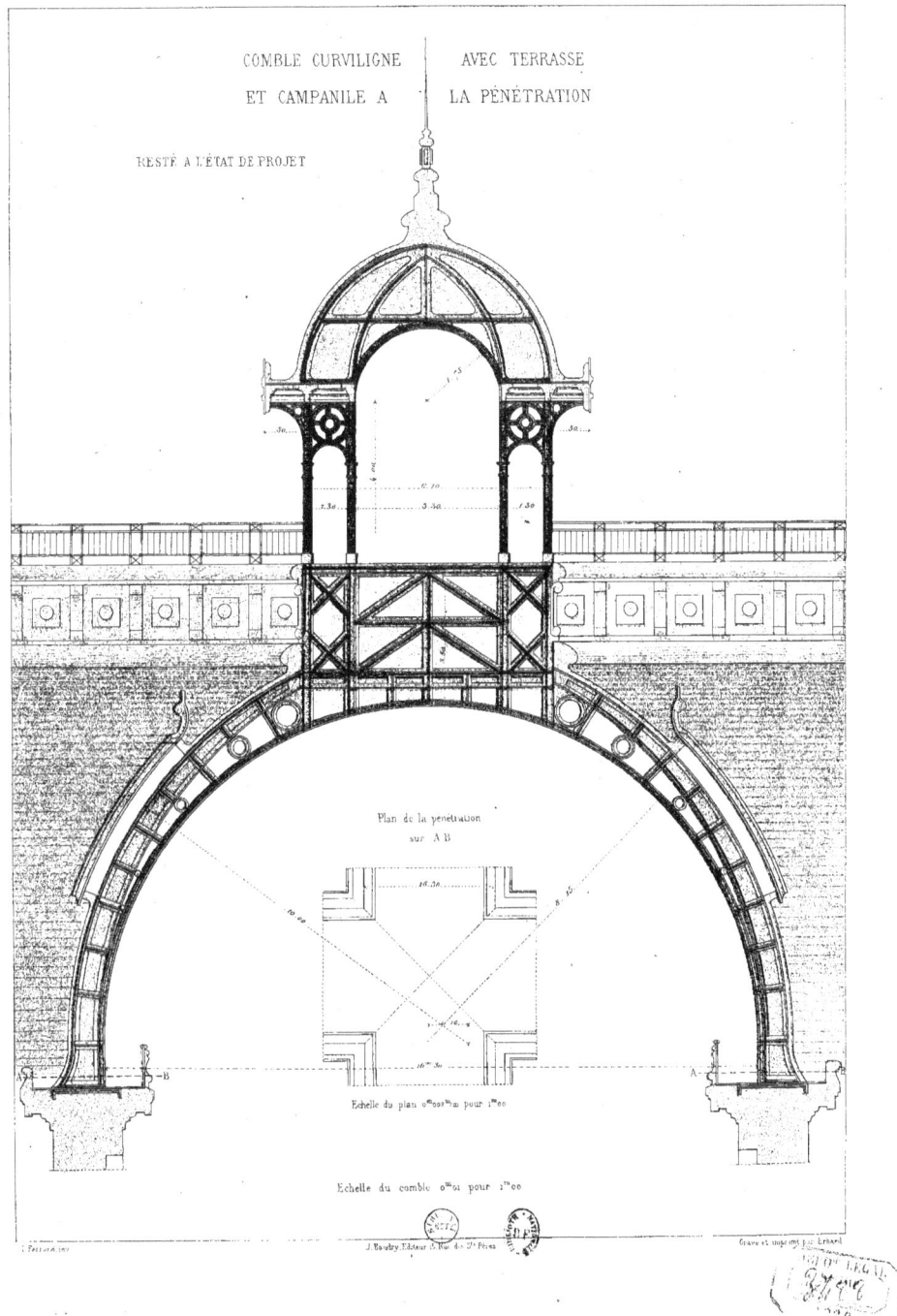

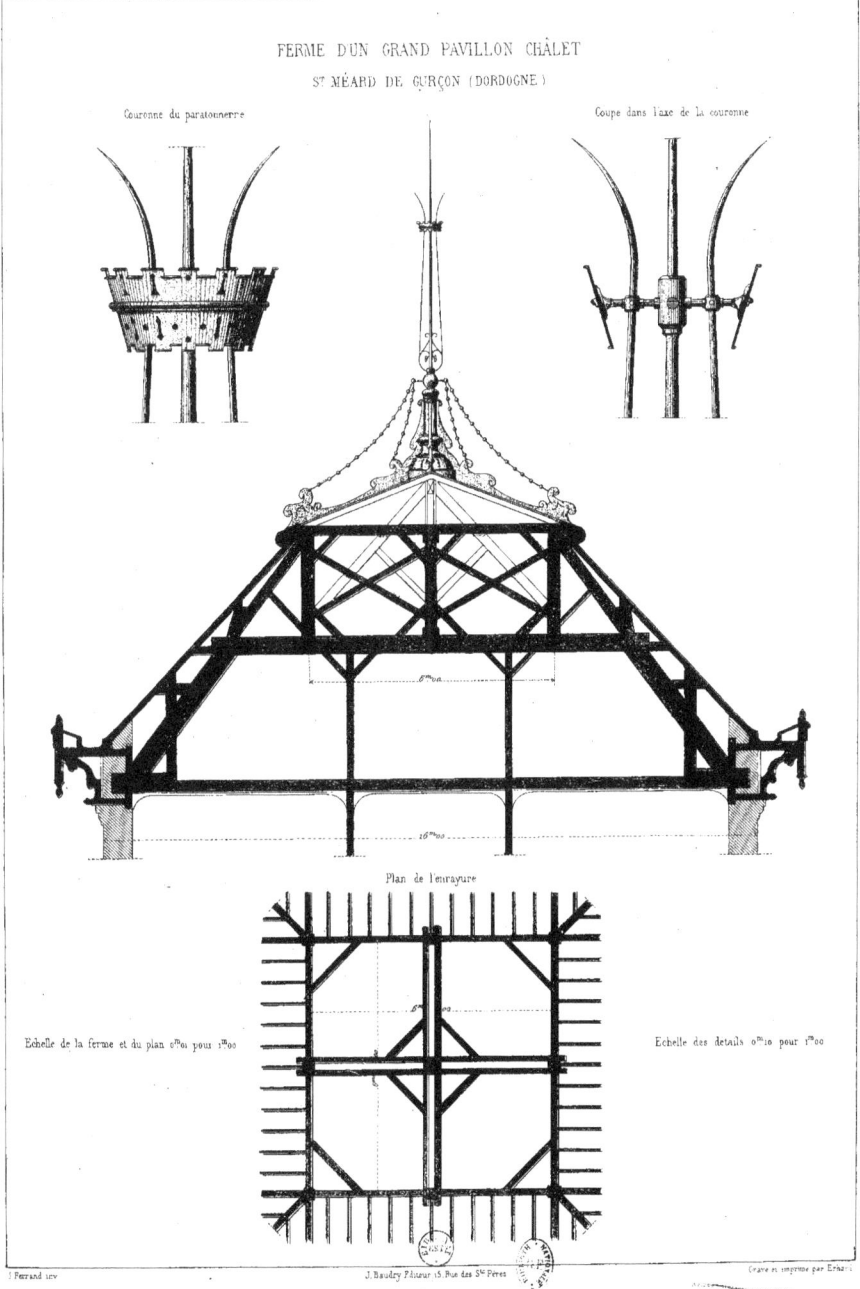

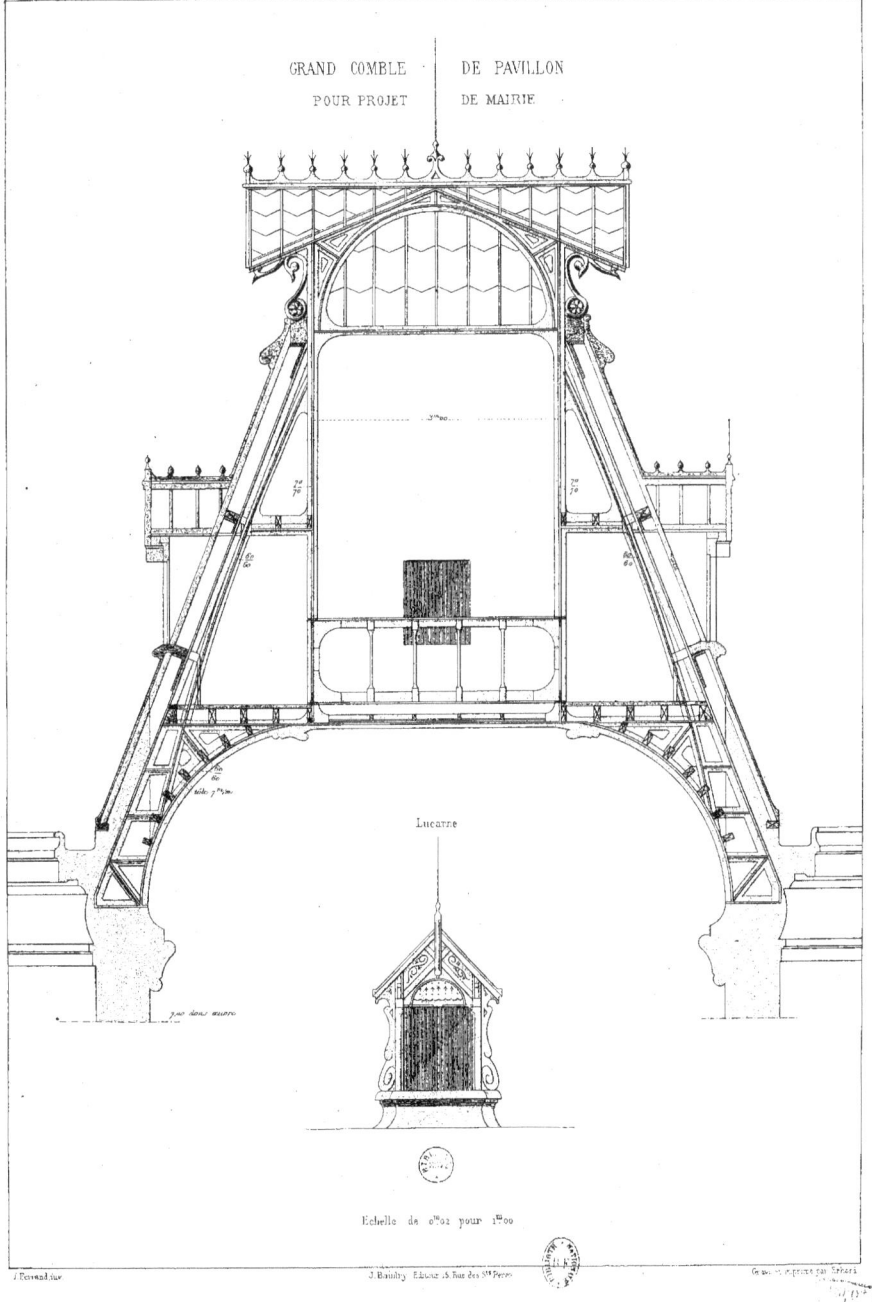

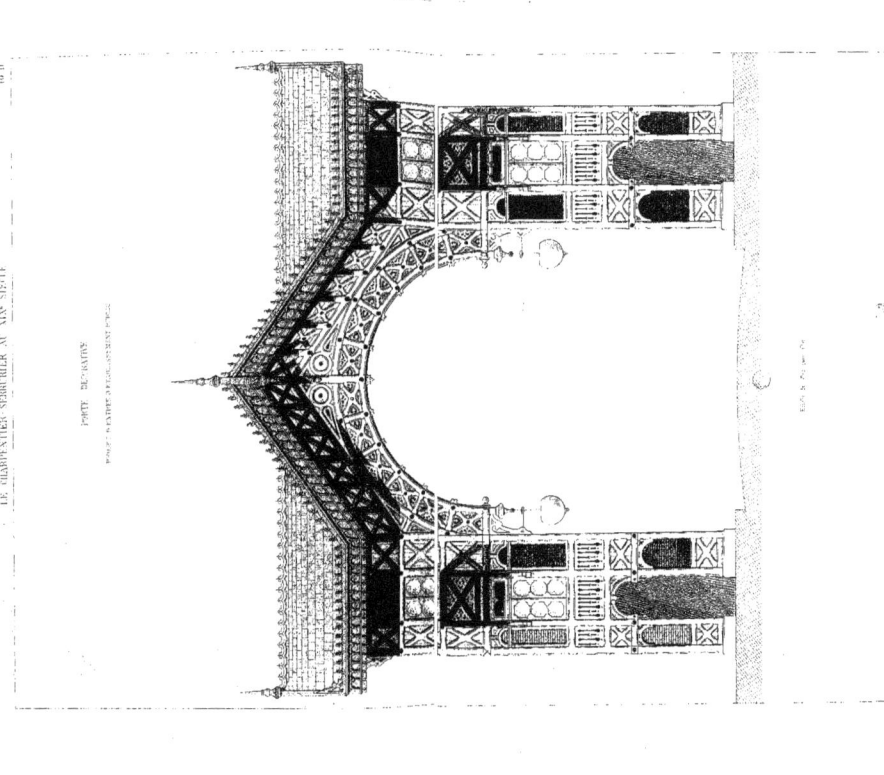

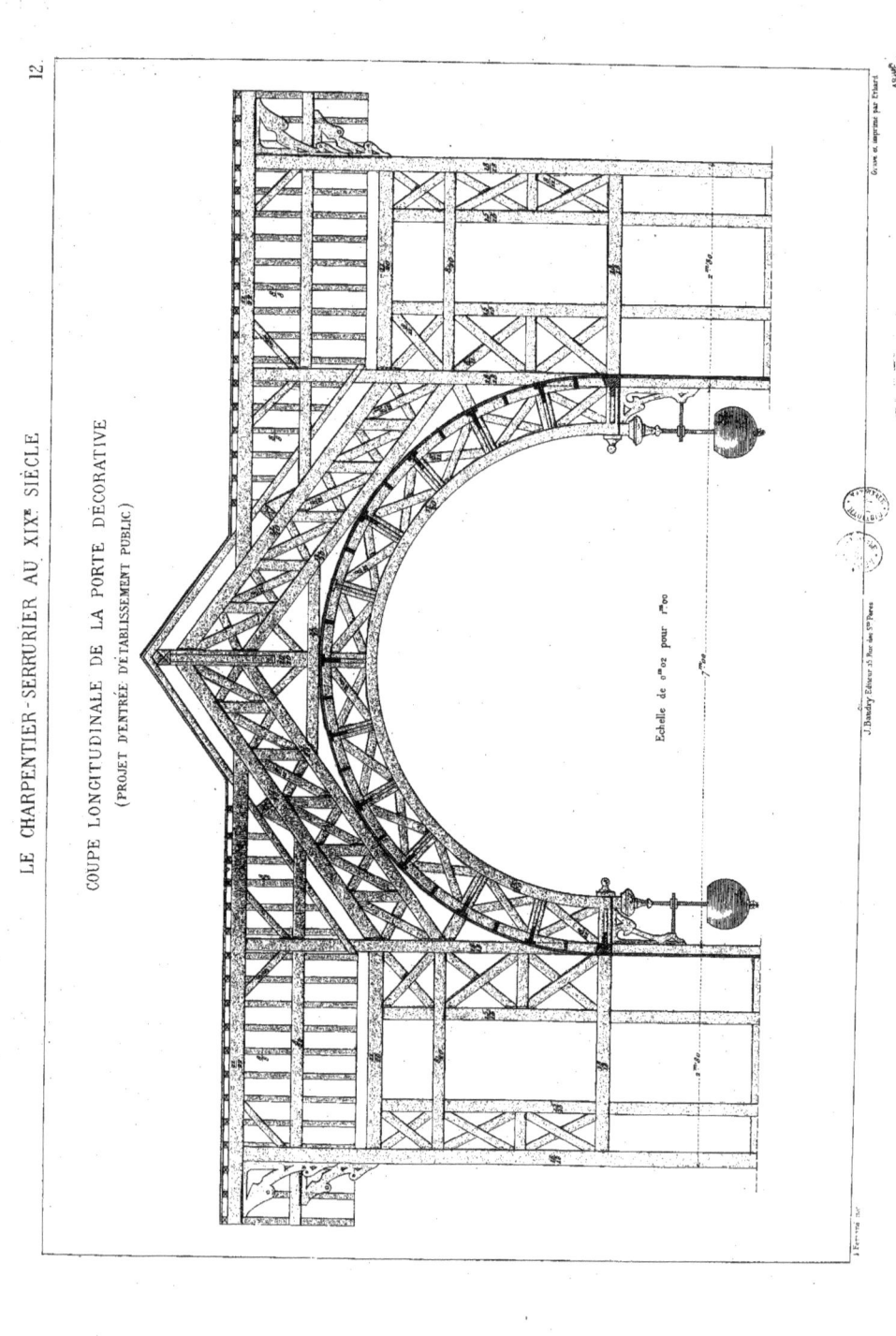

LE CHARPENTIER-SERRURIER AU XIXᵉ SIÈCLE

COUPE D'UNE FERME DE PETIT MARCHÉ BAZAR POUR VILLE BALNÉAIRE

LE CHARPENTIER-SERRURIER AU XIXᵉ SIÈCLE

PLAN ET DÉTAILS DE CHARPENTE POUR PETIT MARCHÉ BAZAR DE VILLE BALNÉAIRE

LE CHARPENTIER-SERRURIER AU XIX.ᵉ SIÈCLE

COUPE D'UNE FERME RIGIDE SANS ENTRAITS POUR GRANDE PORTÉE

CHANTIER DE CONSTRUCTION MARITIME

SYSTÈME AMÉRICAIN CURVILIGNE A DOUBLE COURBES TOUT EN BOIS

FERME RIGIDE SANS ENTRAITS POUR GRANDE PORTÉE

CHANTIER DE CONSTRUCTIONS MARITIMES

SYSTÈME AMÉRICAIN CURVILIGNE A DOUBLE COURBE

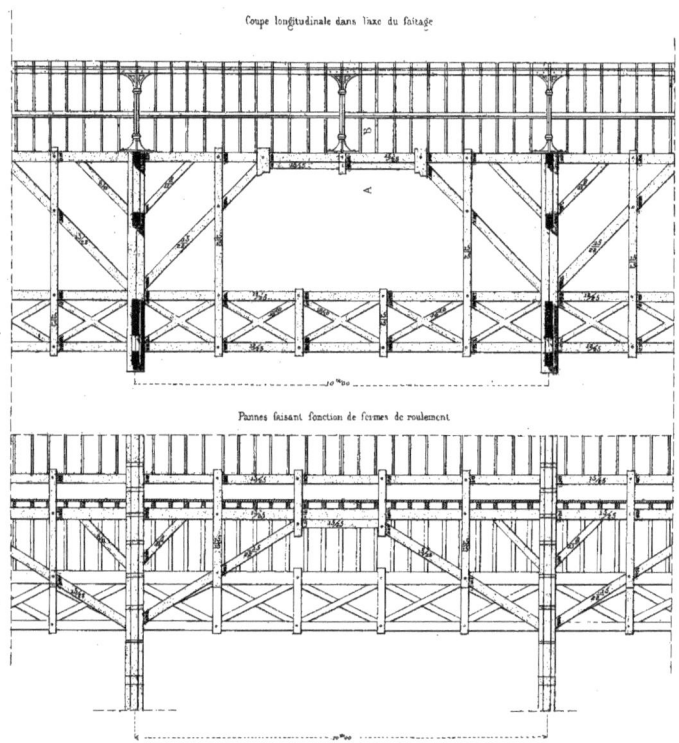

Coupe longitudinale dans l'axe du faîtage

Pannes faisant fonction de fermes de roulement

Echelle de 0m,01 pour 1m,00

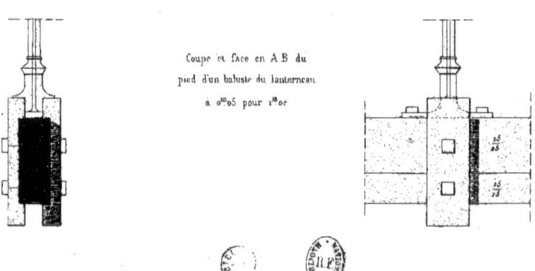

Coupe et face en AB du pied d'un balustre du lanterneau a 0m,05 pour 1m,00

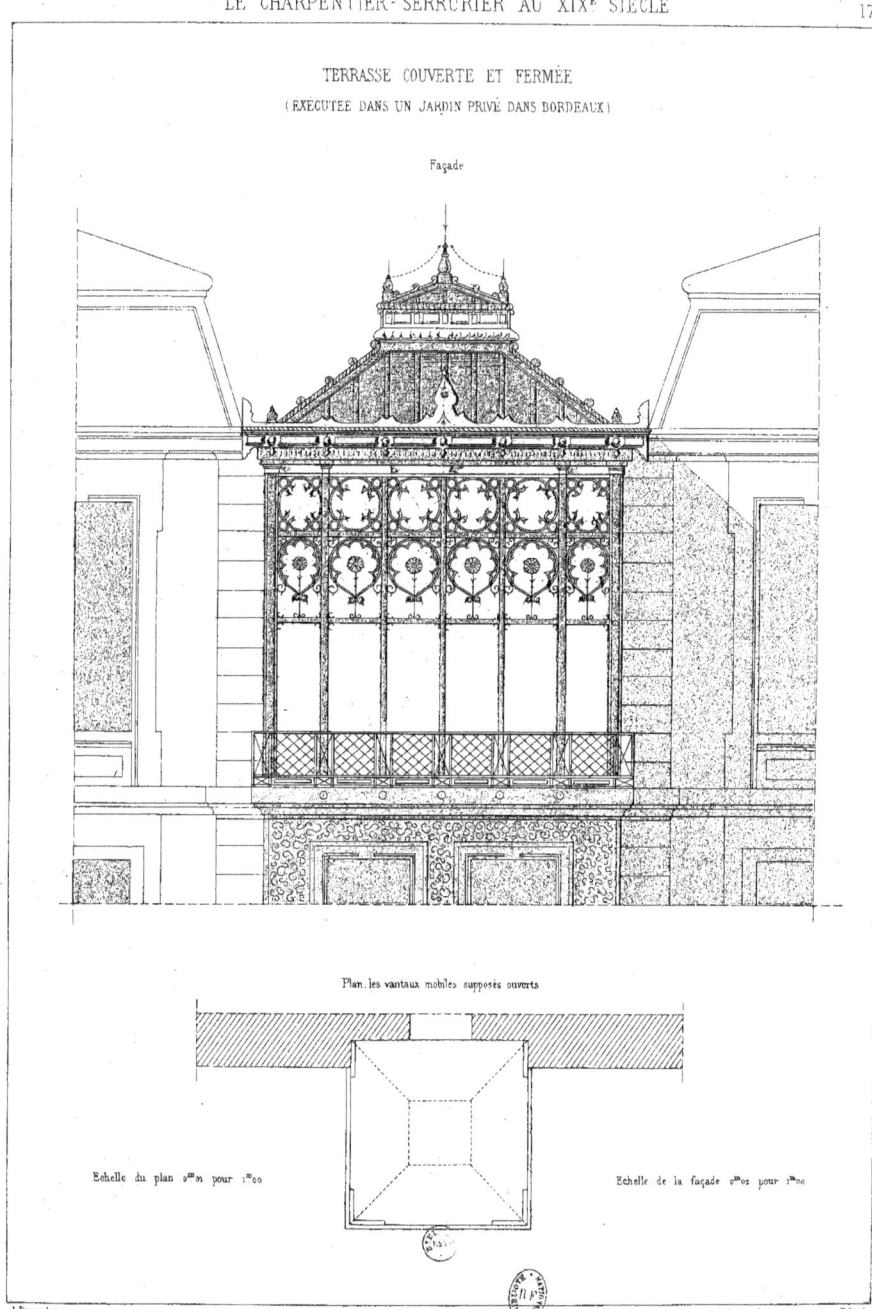

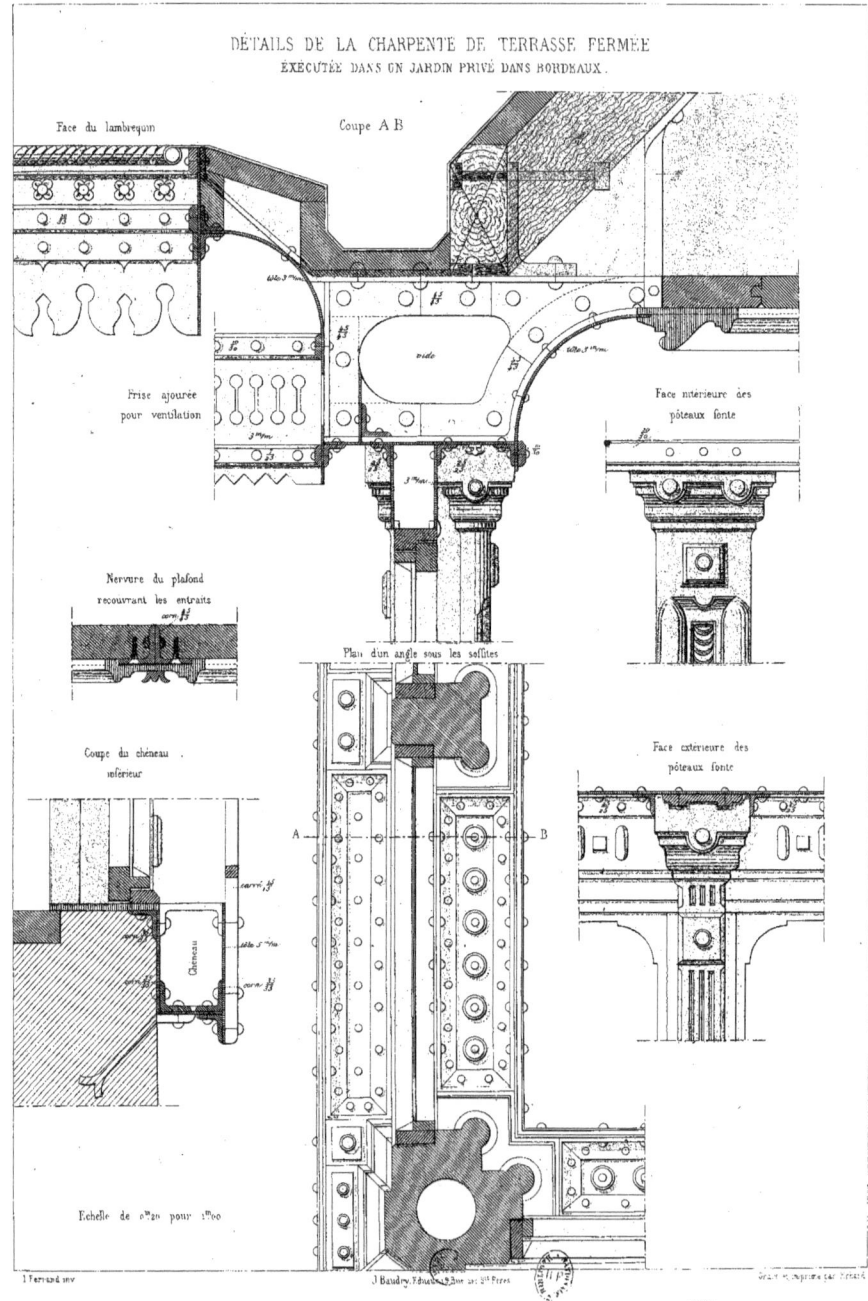

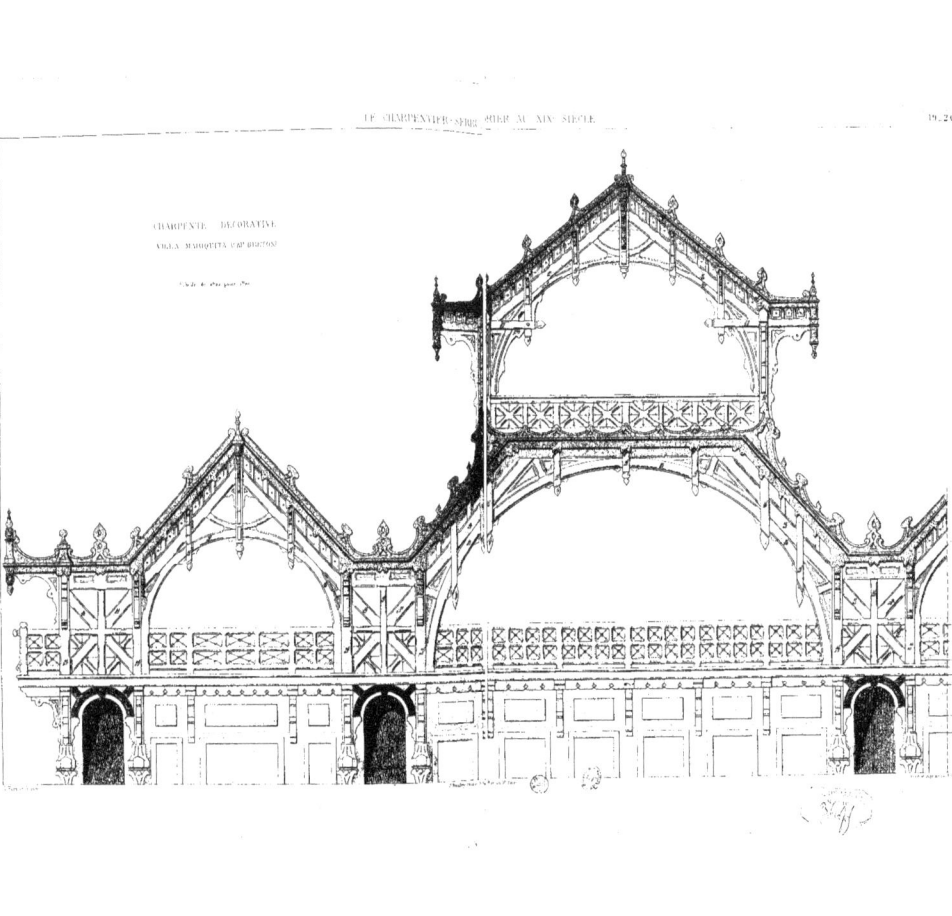

LE CHARPENTIER-SERRURIER AU XIXE SIÈCLE

COUPE D'UNE FERME RIGIDE SUR POTEAUX EN FER
POUR HALLE DE MARCHANDISES

LE CHARPENTIER-SERRURIER AU XIXᵉ SIÈCLE

FERMES RIGIDES SUR POTEAUX EN FER POUR HALLE DE MARCHANDISES
OU GRAND HANGAR DE SERRAGE

LE CHARPENTIER-SERRURIER AU XIXᵉ SIÈCLE

STATION DE VOITURES PUBLIQUES
(STATION DE TRAMWAYS)

Élévation

Coupe I.K.

Assemblage des croix de St André

Plan des demi-fermes sur les poteaux des pavillons

Coupe de la petite traverse au niveau du dessus des bancs

Nota
Ces deux détails à 0ᵐ,02 pour 1ᵐ,00

Coupe des poteaux en A.B

Coupe de la Tôle rabattue cachant la nervure retenant le chassis du plafond lambrissé

Plan à 0ᵐ,005ᵐ/m pour 1ᵐ,00

Échelle de 0ᵐ,025ᵐ/m pour 1ᵐ,00 pour l'élévation

Échelle des détails 0ᵐ,10 pour 1ᵐ,00

J. Raudry Éditeur

LE CHARPENTIER-SERRURIER AU XIXᵉ SIÈCLE

STATION DE VOITURES PUBLIQUES
(STATION DE TRAMWAYS)

Coupe des fermes intermédiaires

Assemblage du pied des consoles

Échelle des détails o^m,10 pour 1^m,00

Coupe des deux fermes au devant de chaque pavillon

Détail du chéneau

Coupe D E.

Coupe C D.

Coupe du lambrequin

Coupe A B

Échelle de o^m,o25 ^m/^m,10 pour 1^m,00

LE CHARPENTIER SERRURIER AU XIXᵉ SIÈCLE

COUPE D'UNE FERME DE ROTONDE DE MACHINES
(GARE DE BORDEAUX)

LE CHARPENTIER-SERRURIER AU XIXᵉ SIÈCLE.

COUPE D'UNE FERME AVEC GALERIES POUR ÉTABLISSEMENT PUBLIC

Plan à 0.002%m pour 1ᵐ.00

Echelle de la coupe 0ᵐ.00 pour 1ᵐ.00

LE CHARPENTIER-SERRURIER AU XIXᵉ SIÈCLE

COUPE LONGITUDINALE DES FERMES AVEC GALERIES POUR ÉTABLISSEMENT PUBLIC

Coupe du motif du balcon

Échelle des détails 0ᵐ,05 pour 1ᵐ,00

Face d'un motif du balcon

Échelle de la coupe 0ᵐ,01 pour 1ᵐ,00

LE CHARPENTIER SERRURIER AU XIXᵉ SIÈCLE

FERME RIGIDE POUR ATELIER
DE CHAUDRONNERIE (GIRONDE)

Coupe des fermettes dans l'axe du pied des poteaux du Lanterneau en AB

Échelle de 0ᵐ,02 pour 1ᵐ,00

J. Baudry, Éditeur, 15, Rue des St. Pères

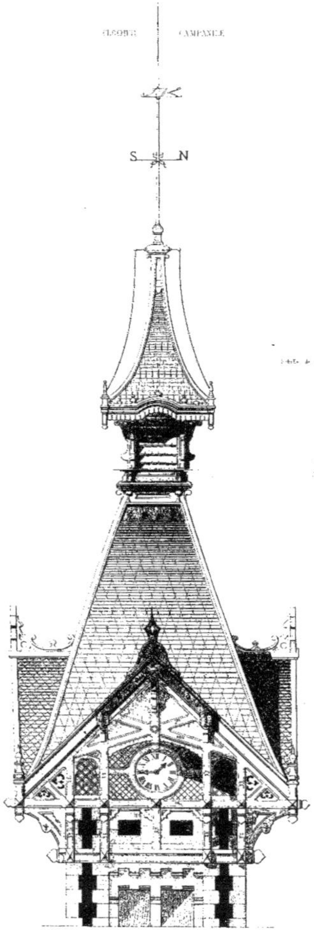

COUPE DE LA CHARPENTE

DU CLOCHER CAMPANILE

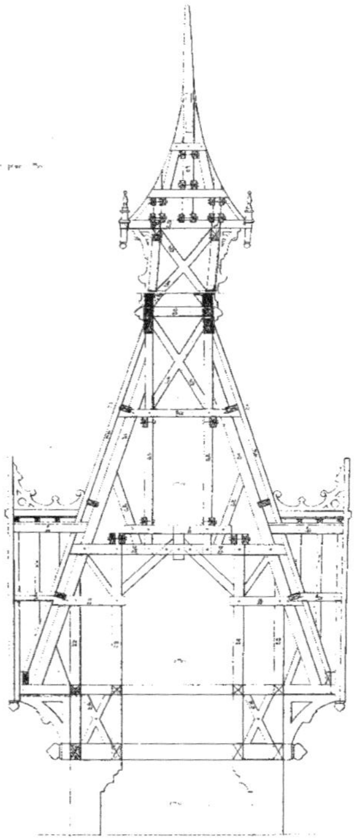

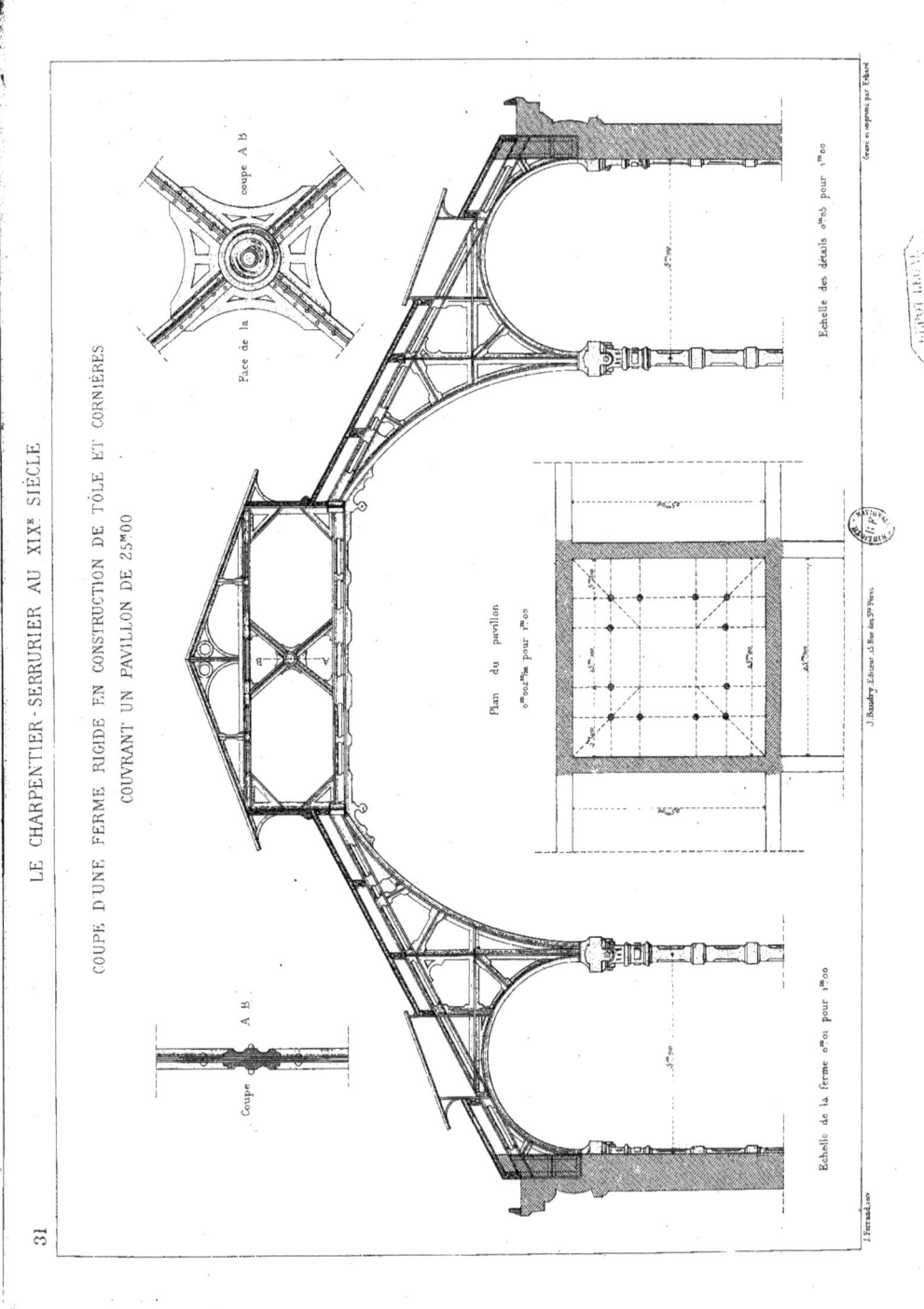

LE CHARPENTIER-SERRURIER AU XIXᵉ SIÈCLE

FERME RIGIDE EN CONSTRUCTION DE TÔLE ET CORNIÈRES
COUVRANT UN PAVILLON DE 25ᵐ00

LE CHARPENTIER SERRURIER AU XIXᵉ SIÈCLE

FERME DE GRANDE GALERIE ENTRE DEUX PAVILLONS

EN PROJET POUR ARCACHON (GIRONDE)

LE CHARPENTIER-SERRURIER AU XIXᴱ SIÈCLE.

FERME DE GRANDE GALERIE ENTRE DEUX PAVILLONS.

LE CHARPENTIER-SERRURIER AU XIXᵉ SIÈCLE

COUPE D'UNE FERME DE GRANDE COUR DE CAMIONNAGE

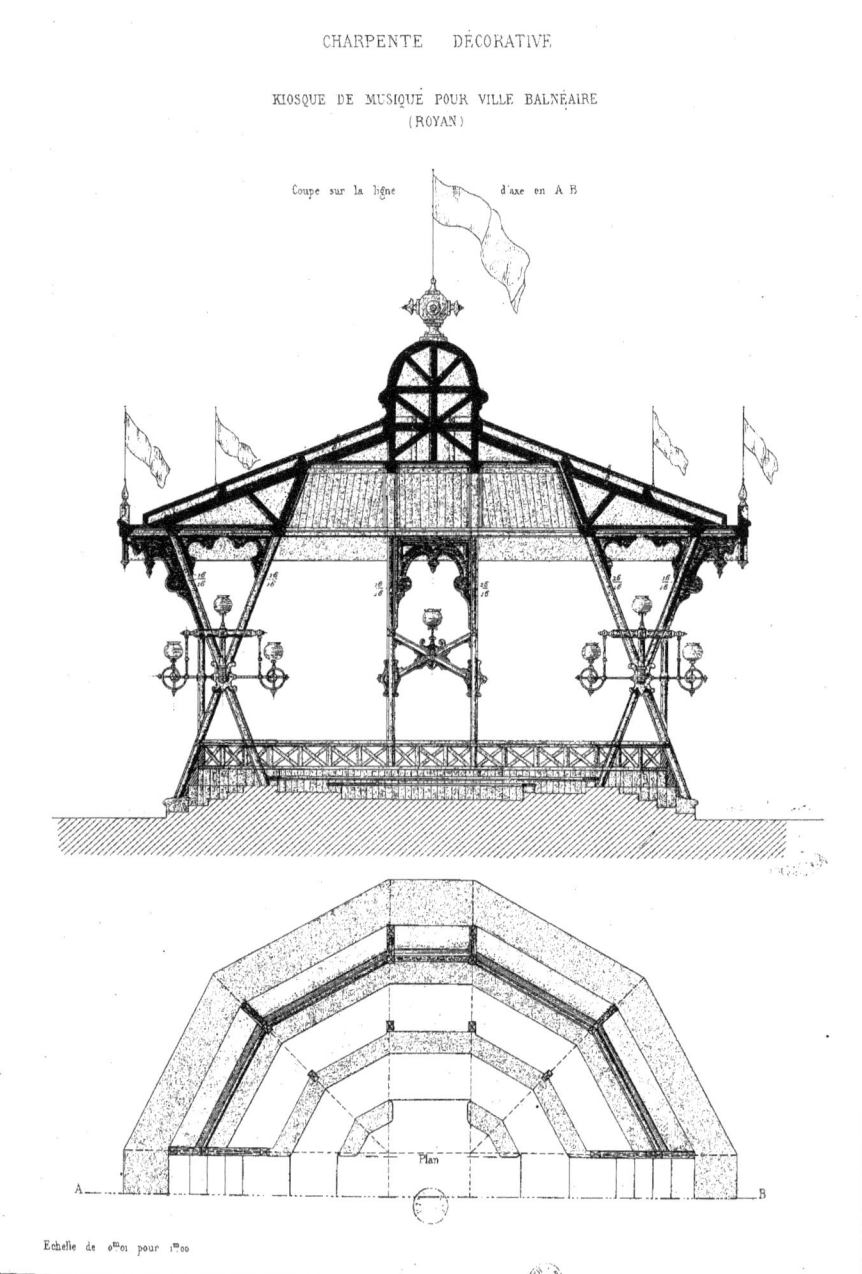

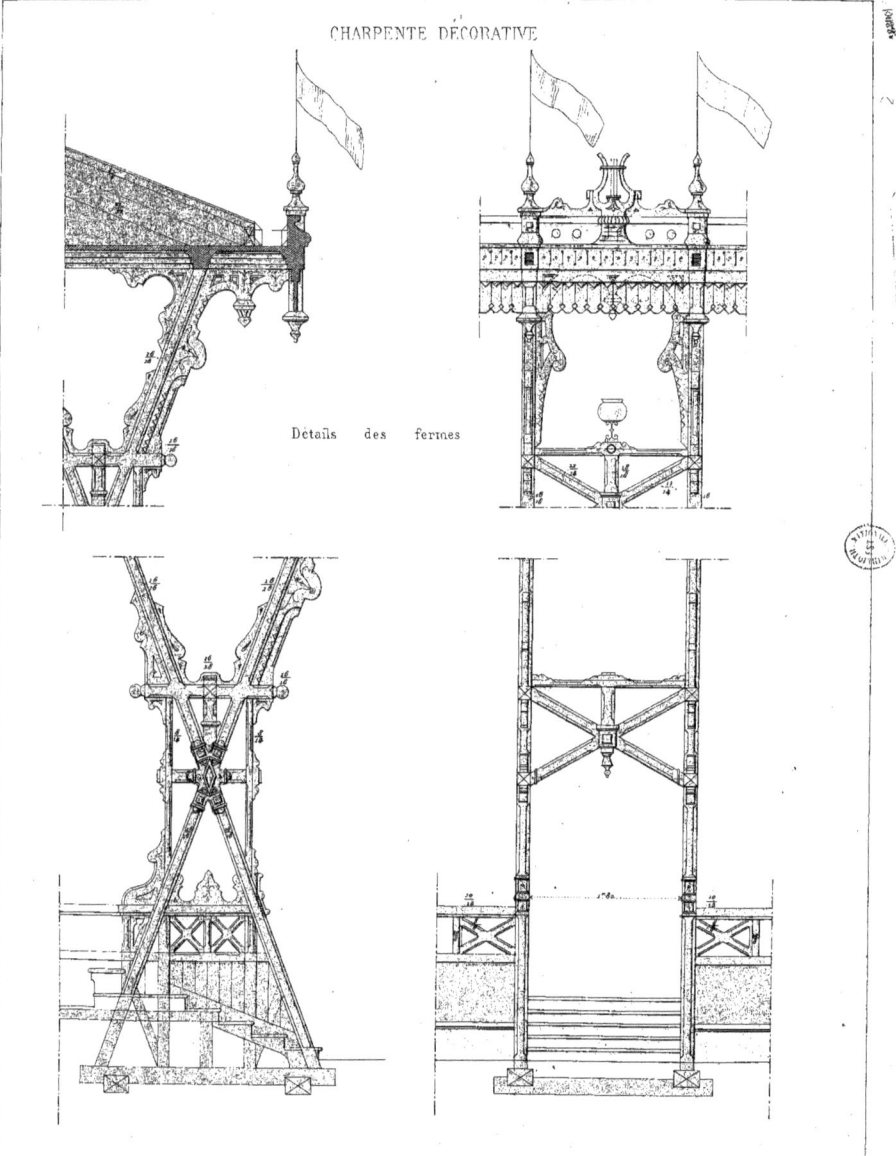

KIOSQUE DE MUSIQUE POUR VILLE BALNÉAIRE
(ROYAN)

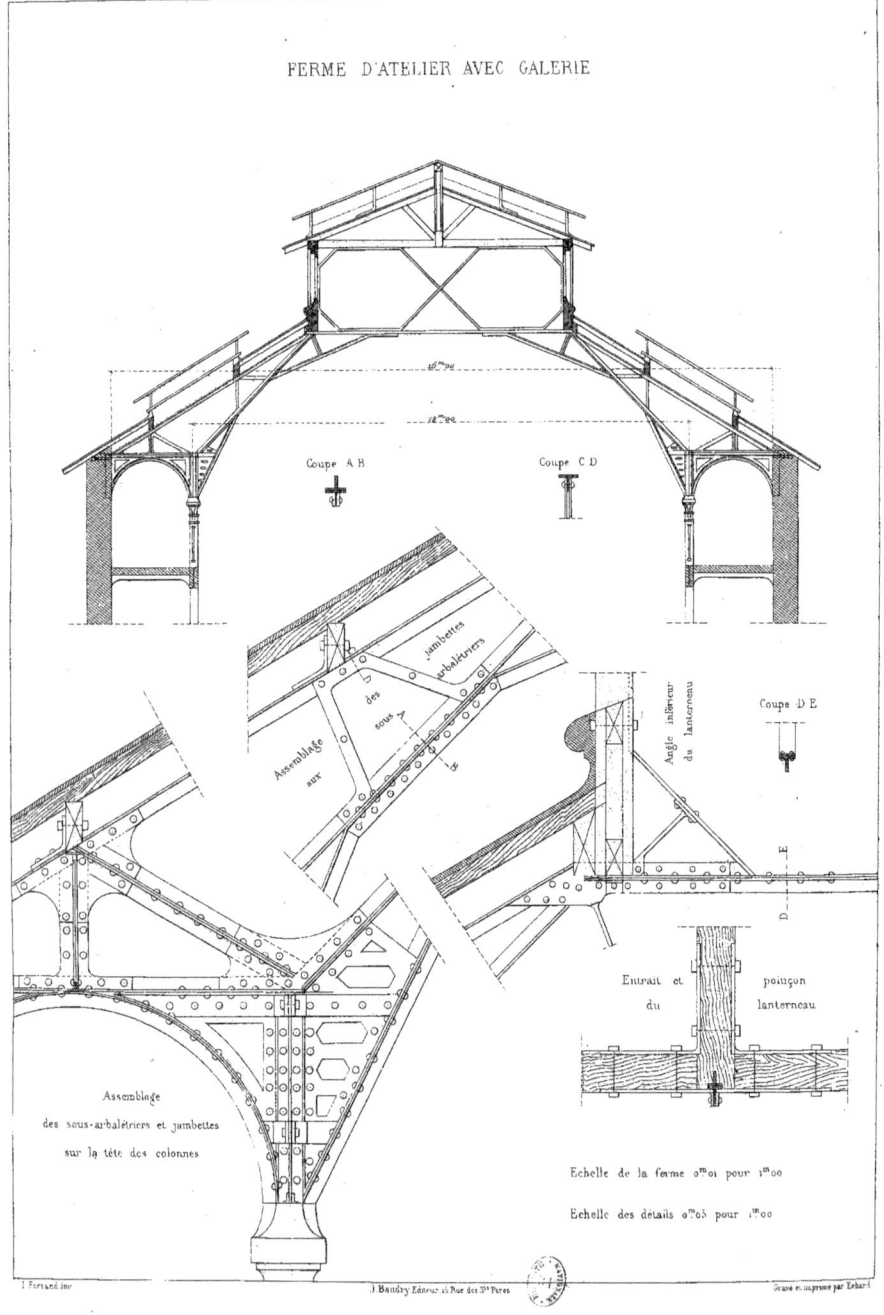

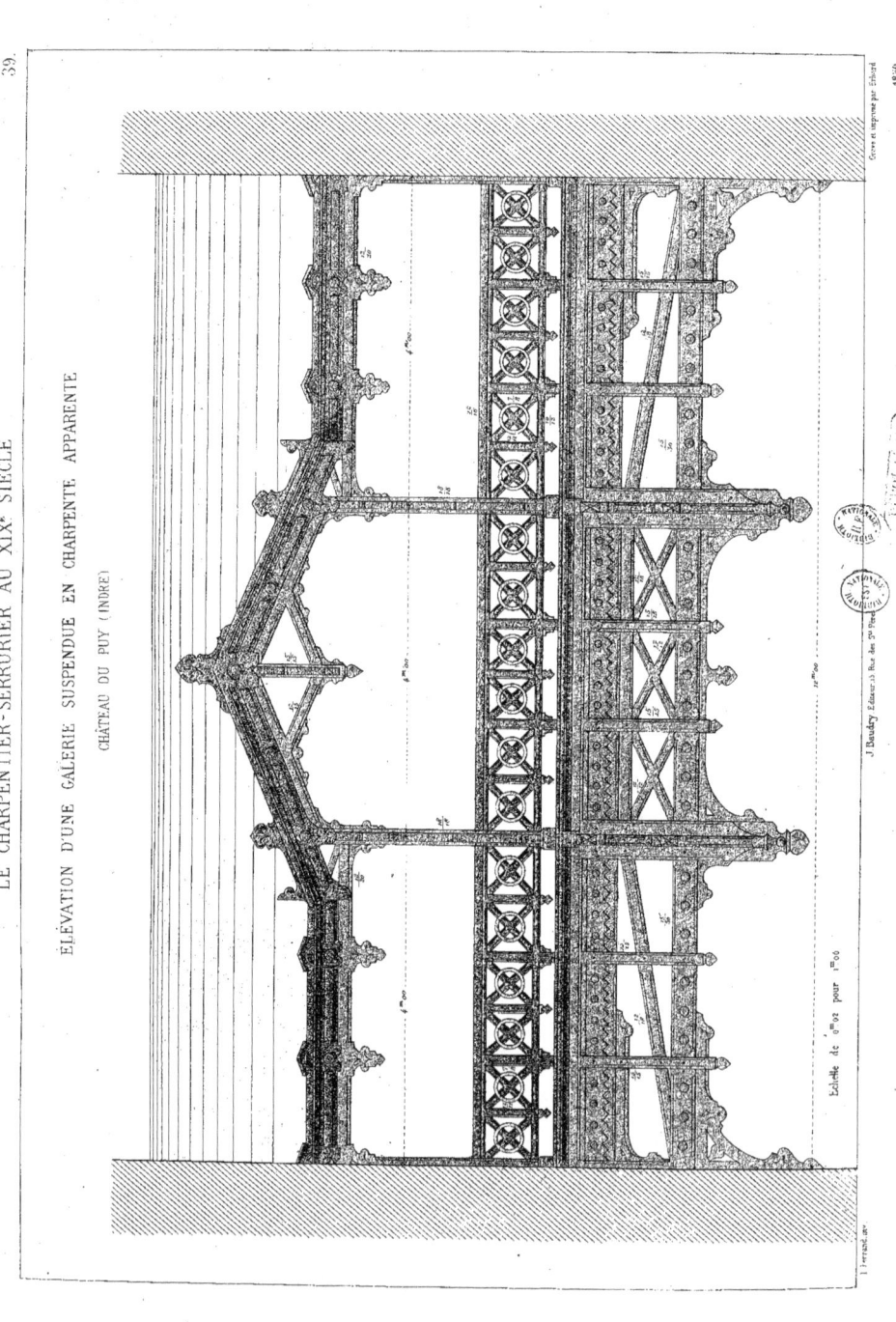

LE CHARPENTIER-SERRURIER AU XIXᵉ SIÈCLE

ÉLÉVATION D'UNE GALERIE SUSPENDUE EN CHARPENTE APPARENTE

CHÂTEAU DU PUY (INDRE)

LE CHARPENTIER-SERRURIER AU XIXᵉ SIÈCLE

COUPE D'UNE FERME DE CHARPENTE APPARENTE POUR GALERIE SUSPENDUE (SYSTÈME TOUT BOIS)
(STATION BALNÉAIRE DU CAP BRETON)

Détails à 0ᵐ,10 sur 1ᵐ,00

Echelle de 0ᵐ,02 pour 1ᵐ,00

LE CHARPENTIER-SERRURIER AU XIXe SIÈCLE

CHARPENTE MIXTE SUR POUTRE-ENTRAIT

LA SAUVE (GIRONDE)

COUPE D'UNE FERME DE GRANDE ÉTABLE
AVEC VASTE GRENIER A FOURRAGE DESSUS

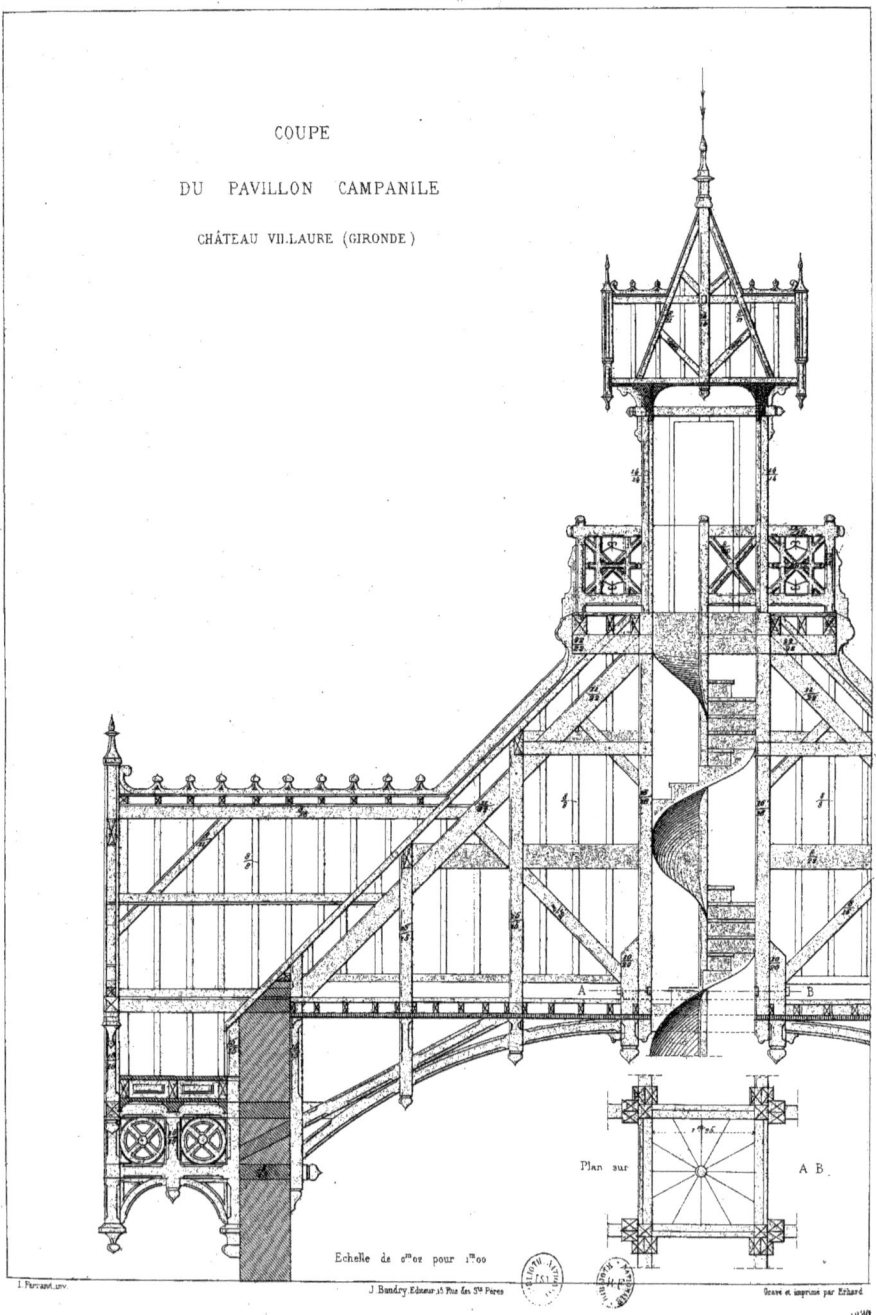

COUPE DU PAVILLON CAMPANILE
CHÂTEAU VILLAURE (GIRONDE)

LE CHARPENTIER-SERRURIER AU XIXᵉ SIÈCLE

FERME DE GRANDE GALERIE AVEC BAS-CÔTES

Pied des chevalets

Plan AB

Coupe de la ferme

Tête des chevalets

Pied des fermes

Echelle de la ferme 0ᵐ,01 pour 1ᵐ,00
Echelle des détails 0ᵐ,05 pour 1ᵐ,00

LE CHARPENTIER-SERRURIER AU XIXᵉ SIÈCLE

DÉTAILS DE PLANCHERS MOYEN-ÂGE, AVEC APPLICATION DE LA CONSTRUCTION MODERNE

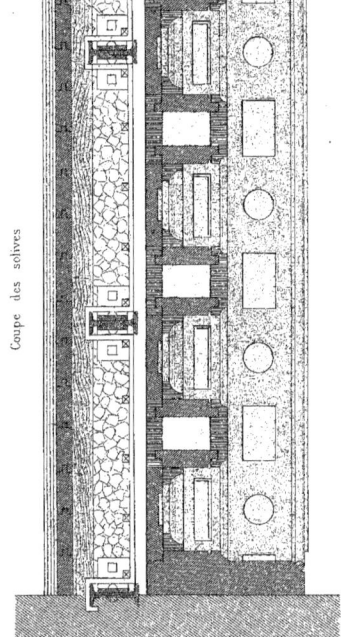

Coupe des solives

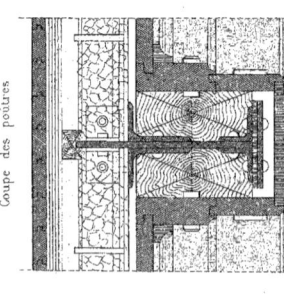

Coupe des poitres

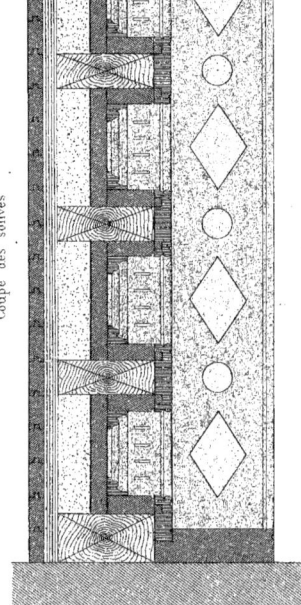

Coupe des solives

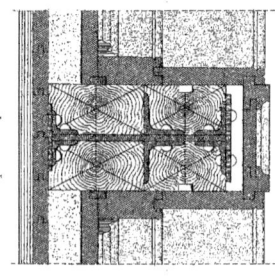

Coupe des poitres

Echelle de 0ᵐ,10 pour 1ᵐ,00

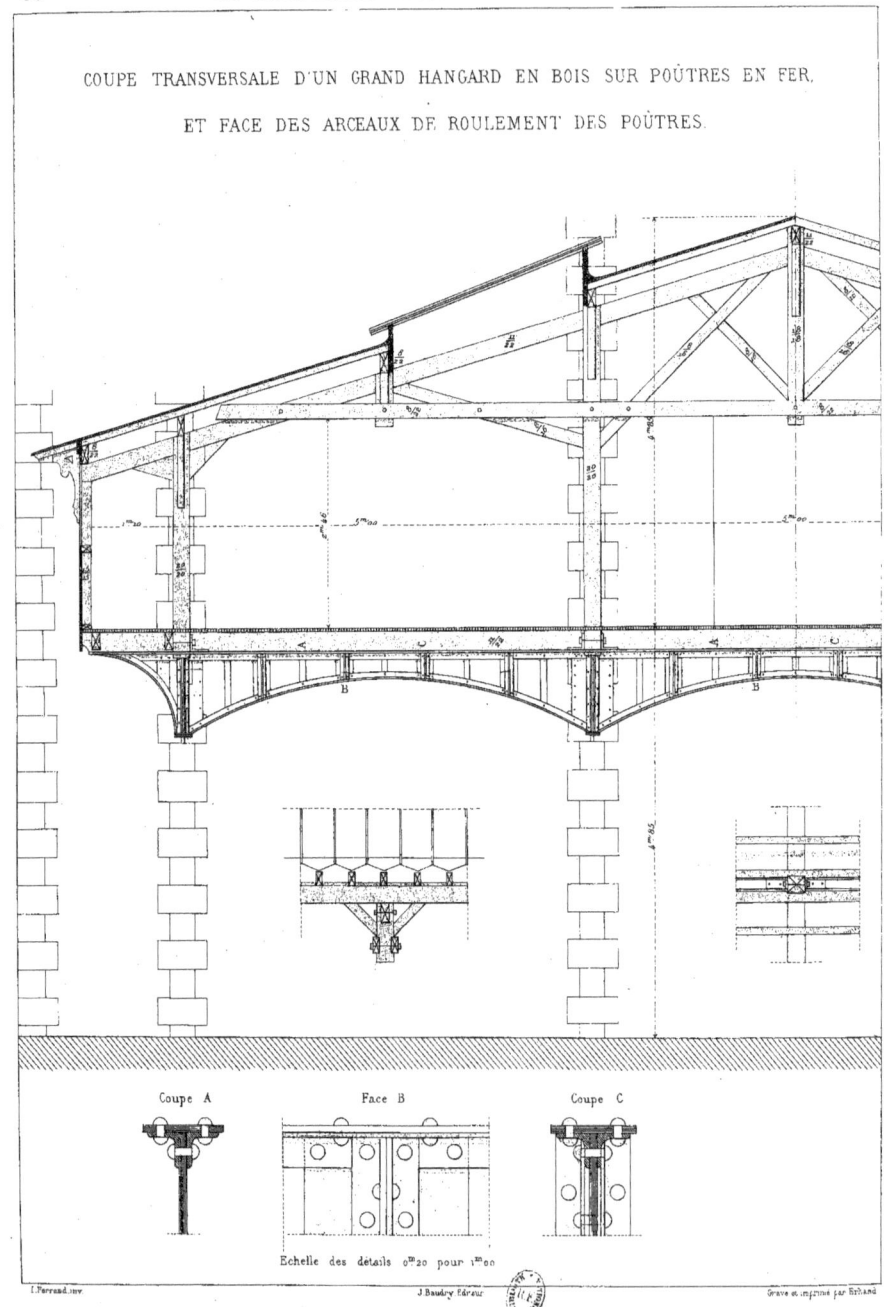

COUPE TRANSVERSALE D'UN GRAND HANGARD EN BOIS SUR POÛTRES EN FER, ET FACE DES ARCEAUX DE ROULEMENT DES POÛTRES.

ÉLÉVATION D'UN GRAND HANGARD EN BOIS REPOSANT SUR POUTRES EN FER

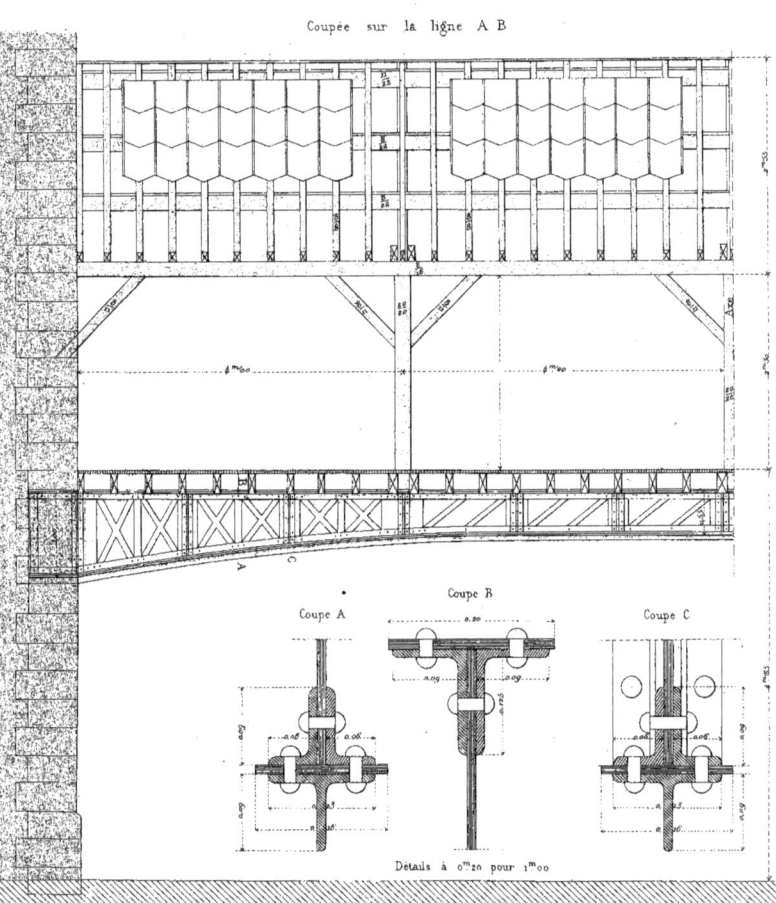

Coupée sur la ligne A B

Coupe A — Coupe B — Coupe C

Détails à 0^m,20 pour 1^m,00

Echelle de la façade 0^m,02 pour 1^m,00

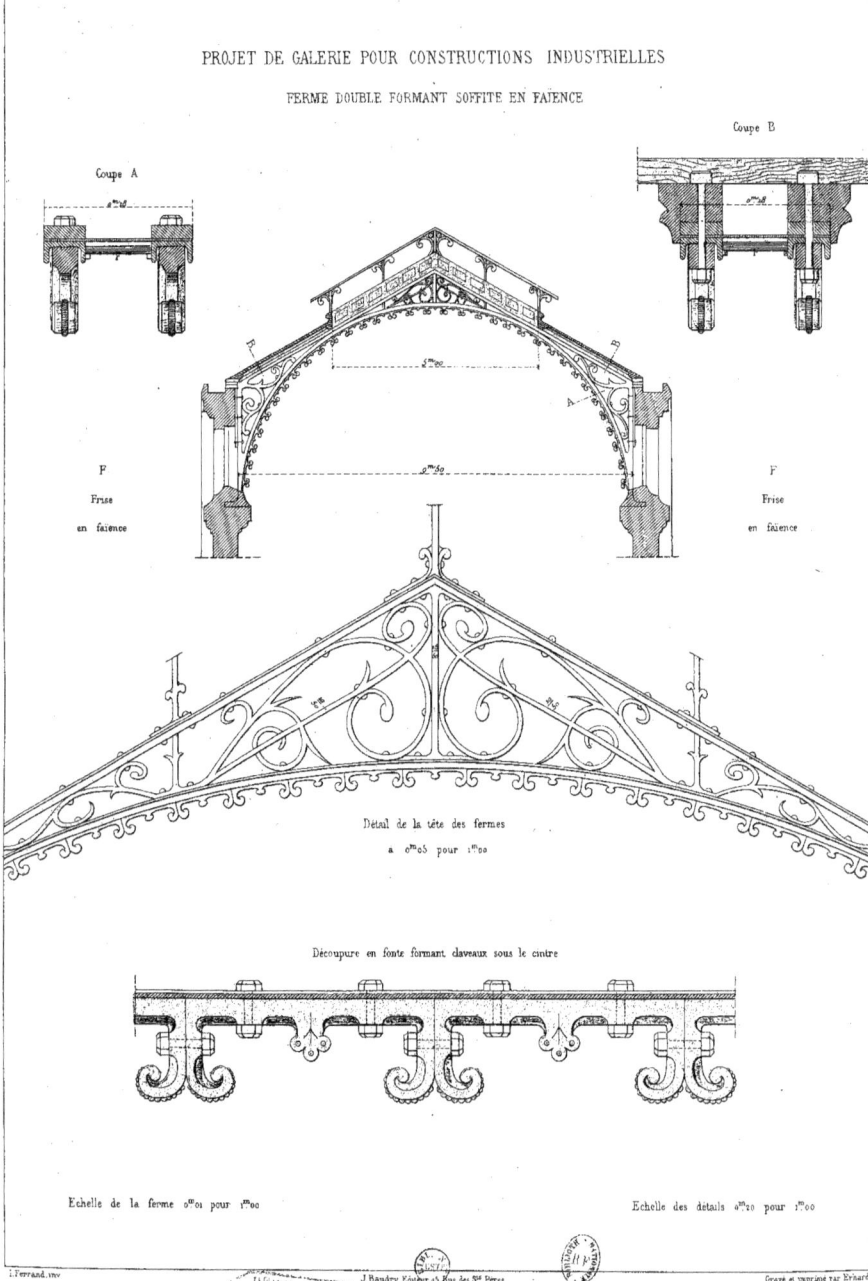

LE CHARPENTIER-SERRURIER AU XIXᵉ SIÈCLE.

FERME MIXTE SUPPORTANT UN PLANCHER CHARGÉ DE CÉRÉALES

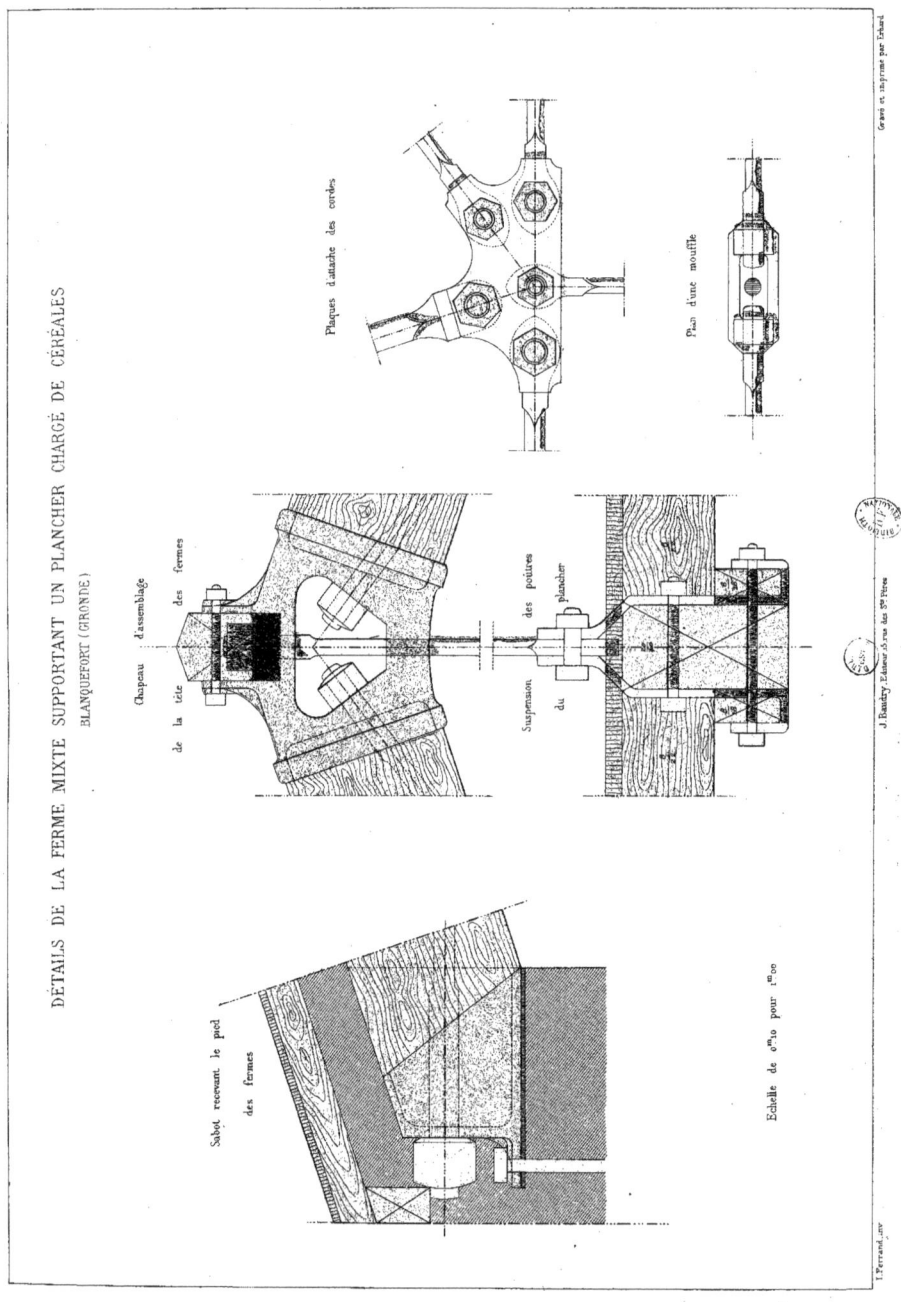

LE CHARPENTIER-SERRURIER AU XIXᵉ SIÈCLE

DÉTAILS DE LA FERME MIXTE SUPPORTANT UN PLANCHER CHARGÉ DE CÉRÉALES
BLANQUEFORT (GIRONDE)

LE CHARPENTIER-SERRURIER AU XIXᵉ SIÈCLE

PASSERELLE ET KIOSQUES POUR JARDIN PUBLIC
(EXÉCUTÉS DANS UN PARC PRIVÉ DANS LA DORDOGNE)

Élévation

Coupe B

Échelle des coupes 0ᵐ,05 pour 1ᵐ,00

Plan

Échelle de 0ᵐ,005 ᵐ/ₘ pour 1ᵐ,00

Coupe A

Échelle de l'élévation 0ᵐ,01 pour 1ᵐ,00

J. Baudry Éditeur, 15 Rue des Sts Pères

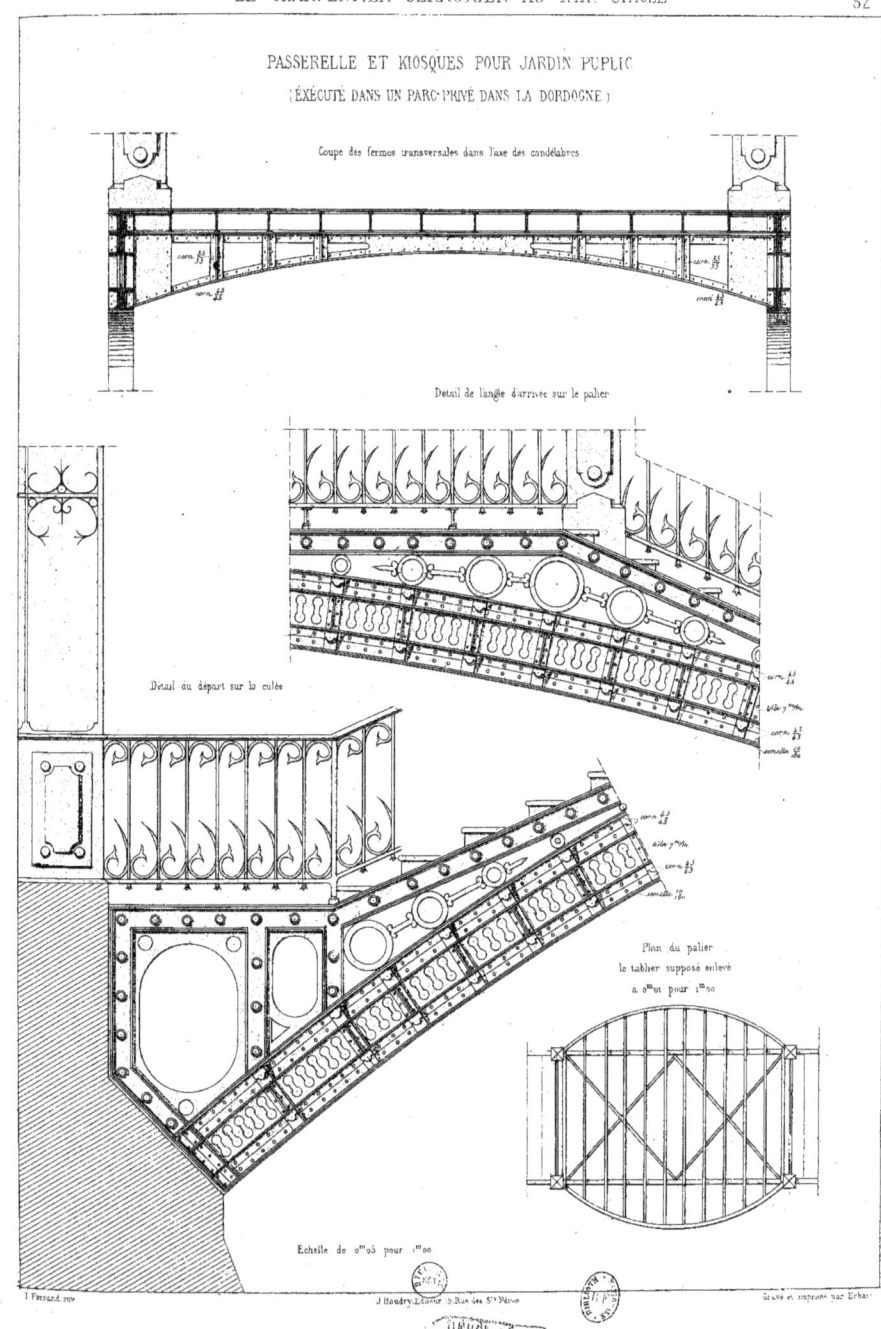

LE CHARPENTIER - SERRURIER AU XIXᵉ SIÈCLE

CHARPENTE COMPOSÉE POUR CHARIOTS-AÉRIENS PERMETTANT L'ENCARRASSAGE DES MARCHANDISES

CHÂTEAU BEAUSÉJOUR (GIRONDE)

Échelle de 0ᵐ,02 pour 1ᵐ,00

LE CHARPENTIER-SERRURIER AU XIXᵉ SIÈCLE

PETITE CHARPENTE DE TERRASSE
BORDEAUX (GIRONDE)

Detail A

Detail B

Echelle des détails 0ᵐ.25 pour 0ᵐ.00
Echelle de la charpente 0ᵐ.05 pour 1ᵐ.00

J. Baudry, Éditeur, 15 Rue des Sᵗˢ Pères

1890

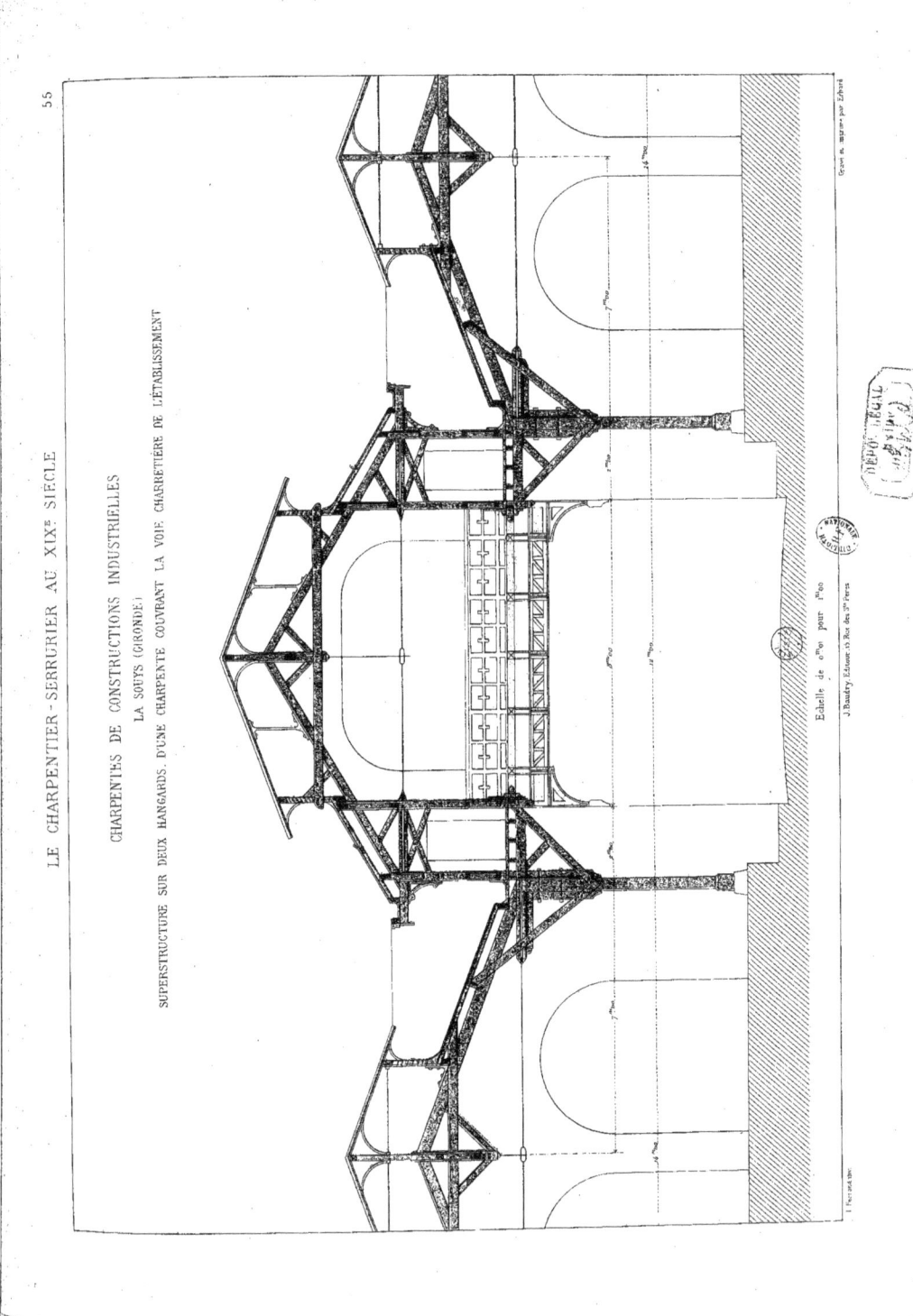

CHARPENTES DE CONSTRUCTIONS INDUSTRIELLES
LA SOUYS (GIRONDE)
SUPERSTRUCTURE SUR DEUX HANGARDS D'UNE CHARPENTE COUVRANT LA VOIE CHARRETIÈRE DE L'ÉTABLISSEMENT

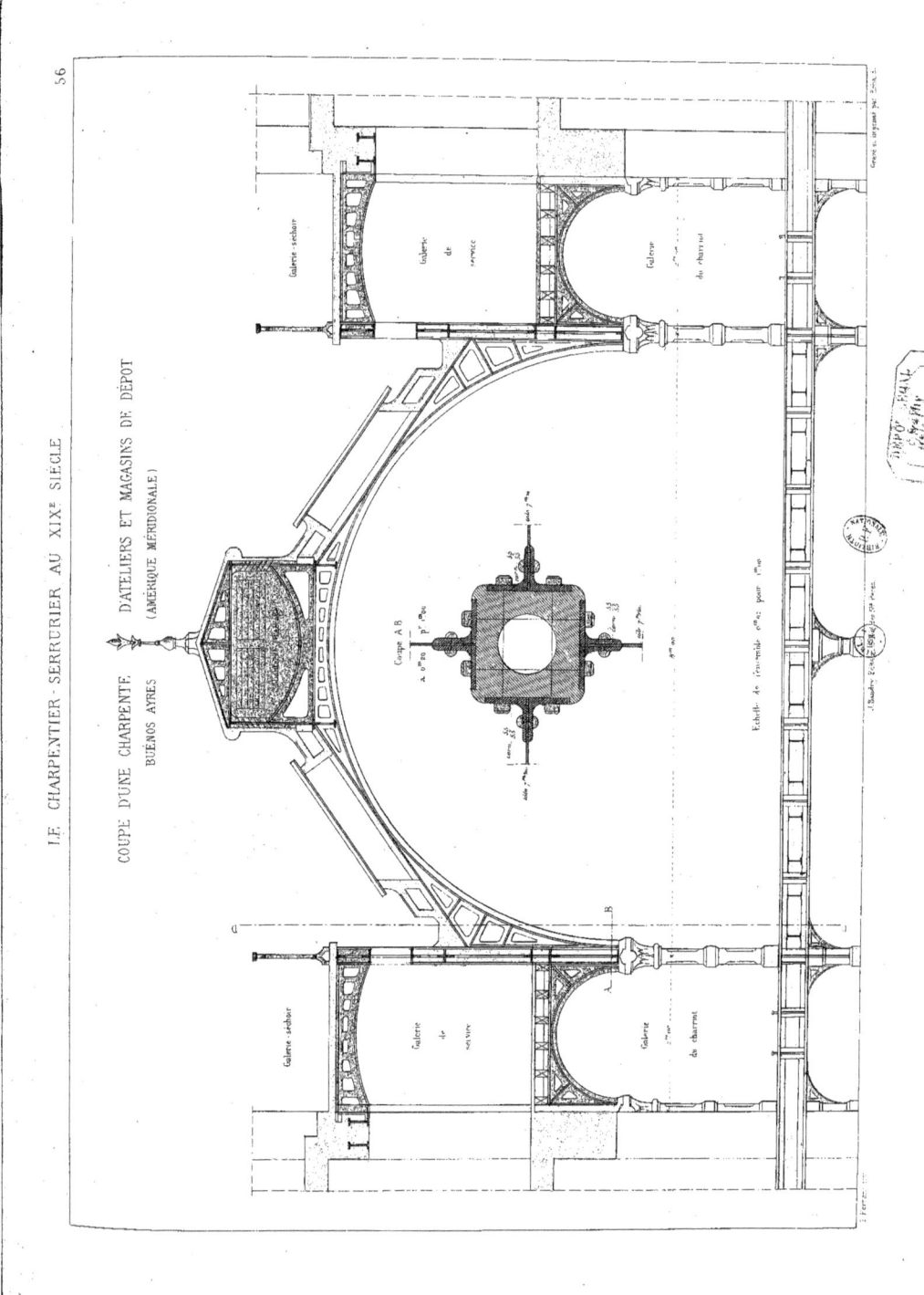

CHARPENTE D'ATELIERS ET MAGASINS DE DÉPÔT
BUÉNOS-AYRES (AMÉRIQUE MÉRIDIONALE)

Façade des galeries prise en C D

LE CHARPENTIER-SERRURIER AU XIXᵉ SIÈCLE

PIGNON A D'UNE CHARPENTE DÉCORATIVE
CHÂLET PRÈS PAU
(BASSES-PYRÉNÉES)

COUPE TRANSVERSALE DE LA CHARPENTE DÉCORATIVE

DU PIGNON A

CHÂLET PRÈS PAU (BASSES-PYRÉNÉES)

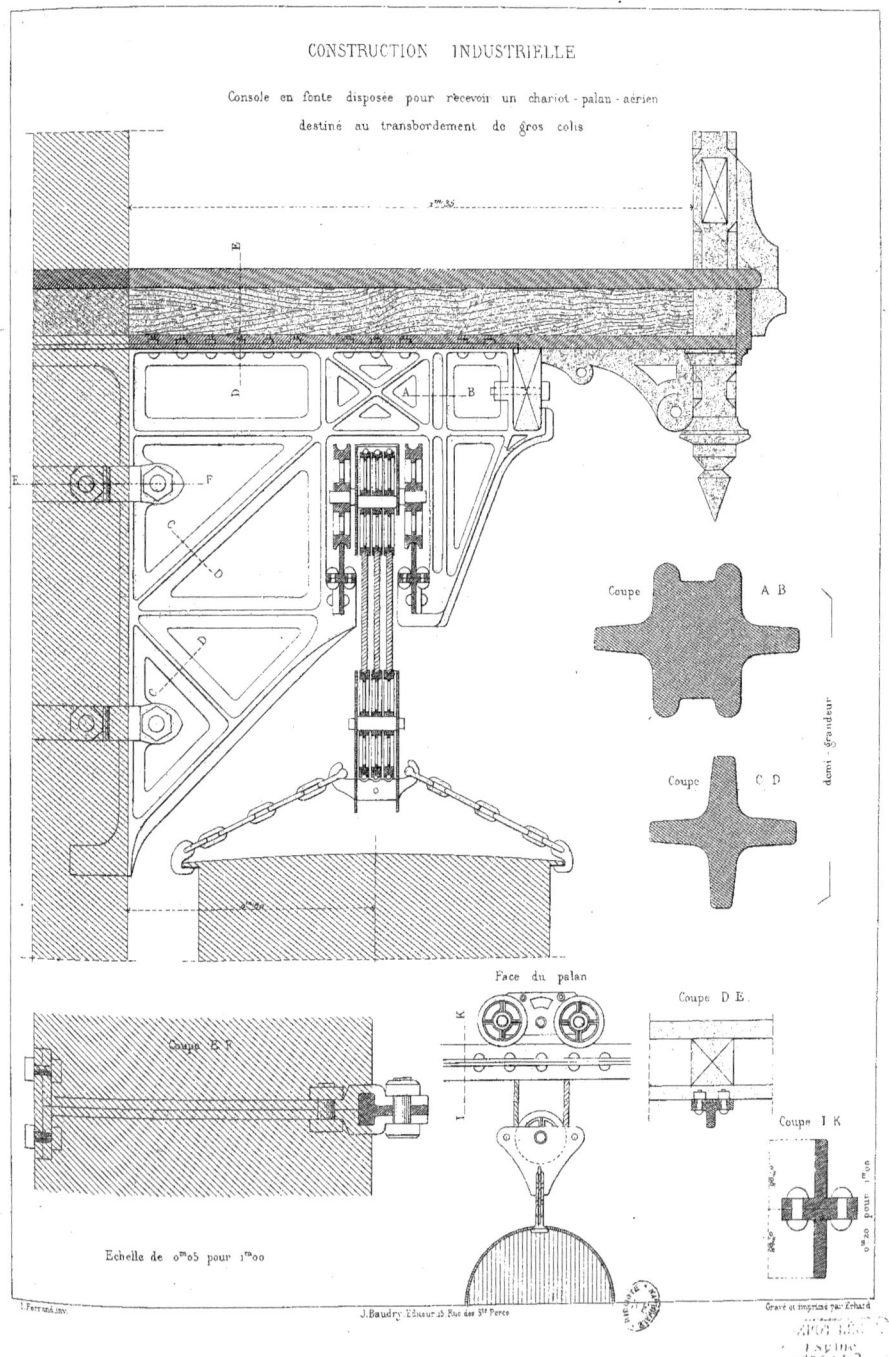

LE CHARPENTIER-SERRURIER AU XIXᵉ SIÈCLE

CHARPENTE DÉCORATIVE
(ILE MAURICE)

Detail d'un lanterneau

Echelle du lanterneau 0ᵐ,05 pour 1ᵐ,00

Echelle des formes 0ᵐ,02 pour 1ᵐ,00

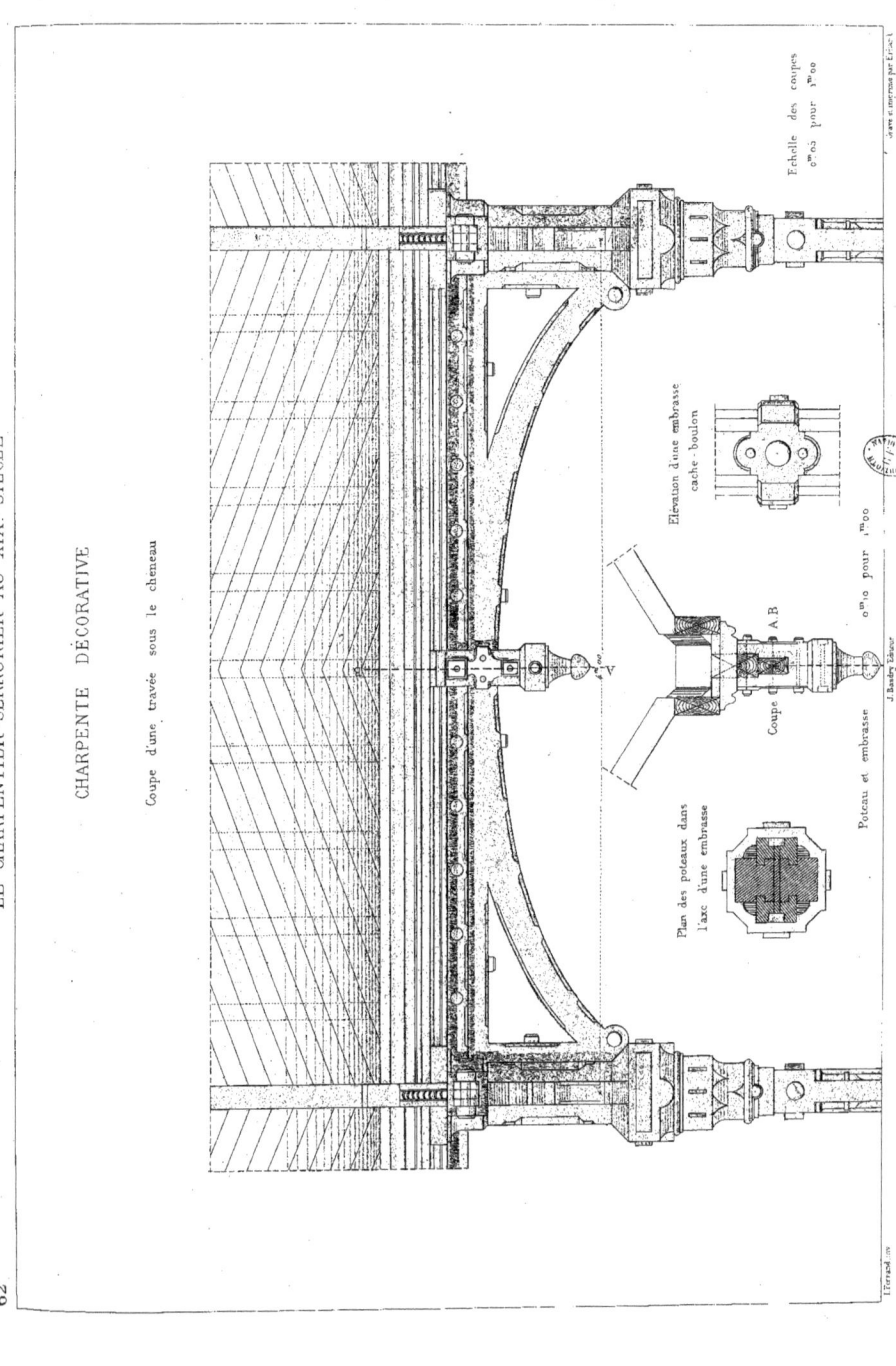

LE CHARPENTIER-SERRURIER AU XIXᵉ SIÈCLE

CHARPENTE DÉCORATIVE

Coupe d'une travée sous le cheneau

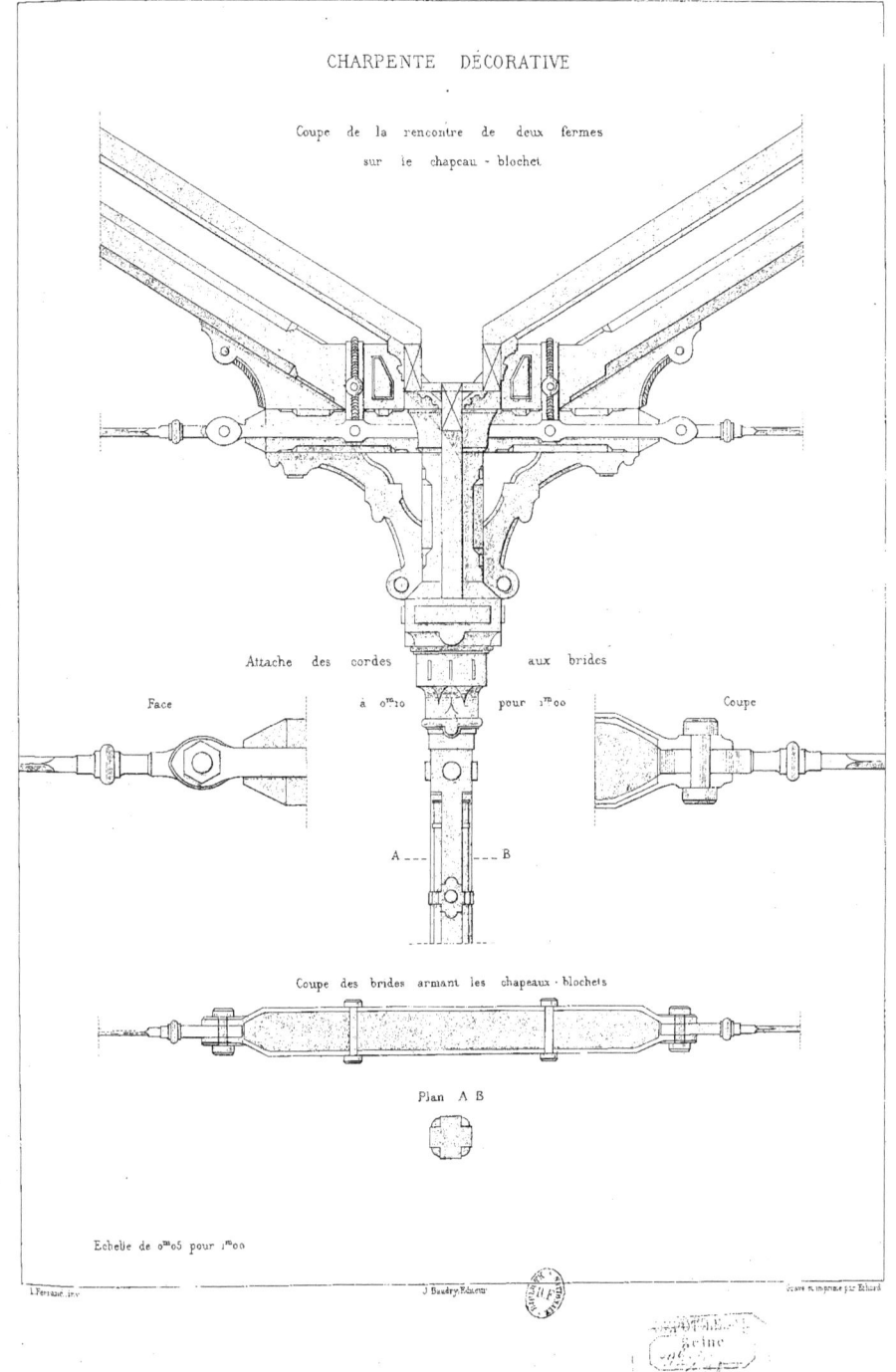

LE CHARPENTIER-SERRURIER AU XIXᵉ SIÈCLE

FERME DE 20ᵐ00 A DOUBLE ENTRAIT CURVILIGNE
(ILE DE LA RÉUNION)

LE CHARPENTIER-SERRURIER AU XIXᵉ SIÈCLE

FERME DE PAVILLON DE 12ᵐ=00 CARRÉS DANS ŒUVRE

LE CHARPENTIER-SERRURIER AU XIXᵉ SIÈCLE

FERME DE PAVILLON DE 12ᵐ00 CARRÉS DANS ŒUVRE

DÉTAILS D'ÉXÉCUTION

LE CHARPENTIER-SERRURIER AU XIXᵉ SIÈCLE

CHARPENTE MIXTE A GRANDE PORTÉE

COUPE D'UNE FERME DE 20ᵐ00
(ATELIER DE FONDERIE (BORDEAUX))

LE CHARPENTIER-SERRURIER AU XIXᵉ SIÈCLE

CHARPENTE MIXTE A GRANDE PORTÉE (BORDEAUX)
DÉTAILS DE LA FERME DE 20ᵐ00

Face de l'assemblage de la tête des grandes buelles et sous tendeurs aux arbalétriers

Coupe de l'assemblage de la tête des grandes buelles et sabots recevant les pannes

Poinçon du lanterneau

Face de la moufle de tension de l'entrait horizontal

Plan des sabots recevant les pannes

Entretoise D reliant et reglant le pied des grandes buelles

Écrou a double pas de vis renversé

Plan de la moufle de tension de l'entrait horizontal

Échelle de 0ᵐ10 pour 1ᵐ00

LE CHARPENTIER SERRURIER AU XIXᵉ SIÈCLE

CHARPENTE DÉCORATIVE

COUPE D'UNE FERME DE PIGNON

EN PROJET POUR LE BOUCAUT (BASSES-PYRÉNÉES)

Échelle de 0,02 pour 1 m.00

CHARPENTE DÉCORATIVE

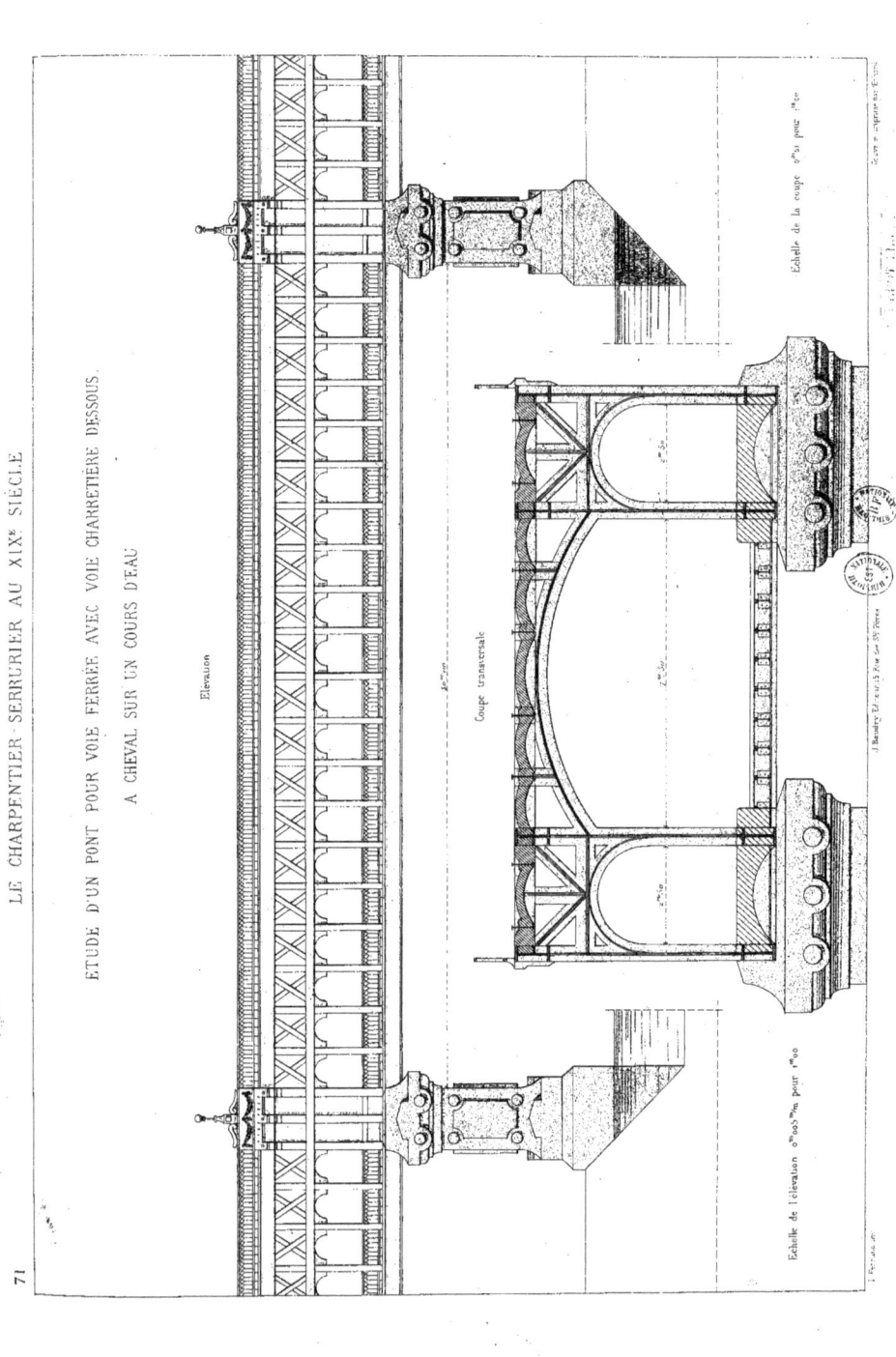

72-73 LE CHARPENTIER-SERRURIER AU XIX SIÈCLE

LE CHARPENTIER-SERRURIER AU XIXe SIÈCLE

CHARPENTE MIXTE ET DÉCORATIVE A GRANDE PORTÉE POUR SALLE DE JEUX

COUPE D'UNE FERME DE 20^m00

PROJET NON ENCORE EXÉCUTÉ — PAU (BASSES-PYRÉNÉES)

Plan des poteaux créateurs

Plan des poteaux isolés

Plan à 0^m,0 en 5^m/m pour 1^m,00

Échelle de la coupe 5^m/m pour 1^m,00

Échelle des poteaux 5^m/m pour 1^m,00

CHARPENTE MIXTE ET DÉCORATIVE A GRANDE PORTÉE POUR SALLE DE JEUX

Coupe de la panne de roulement dans l'axe des poinçons des lanternes

Coupe de la sablière-panne dans l'axe des poteaux isolés

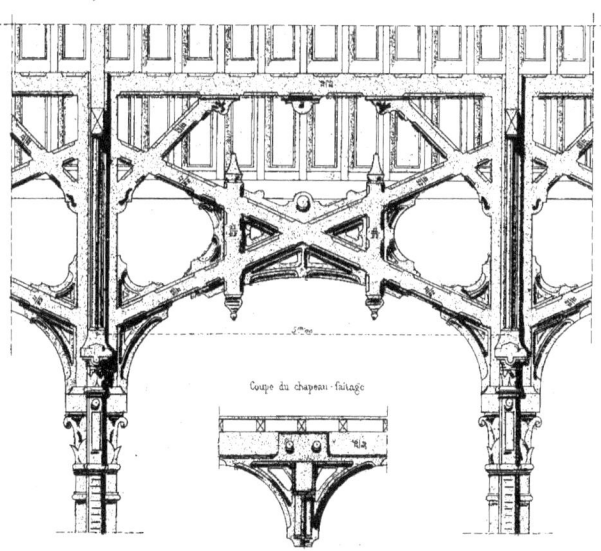

Coupe du chapeau-faîtage

Echelle de 0,02 pour 1,00

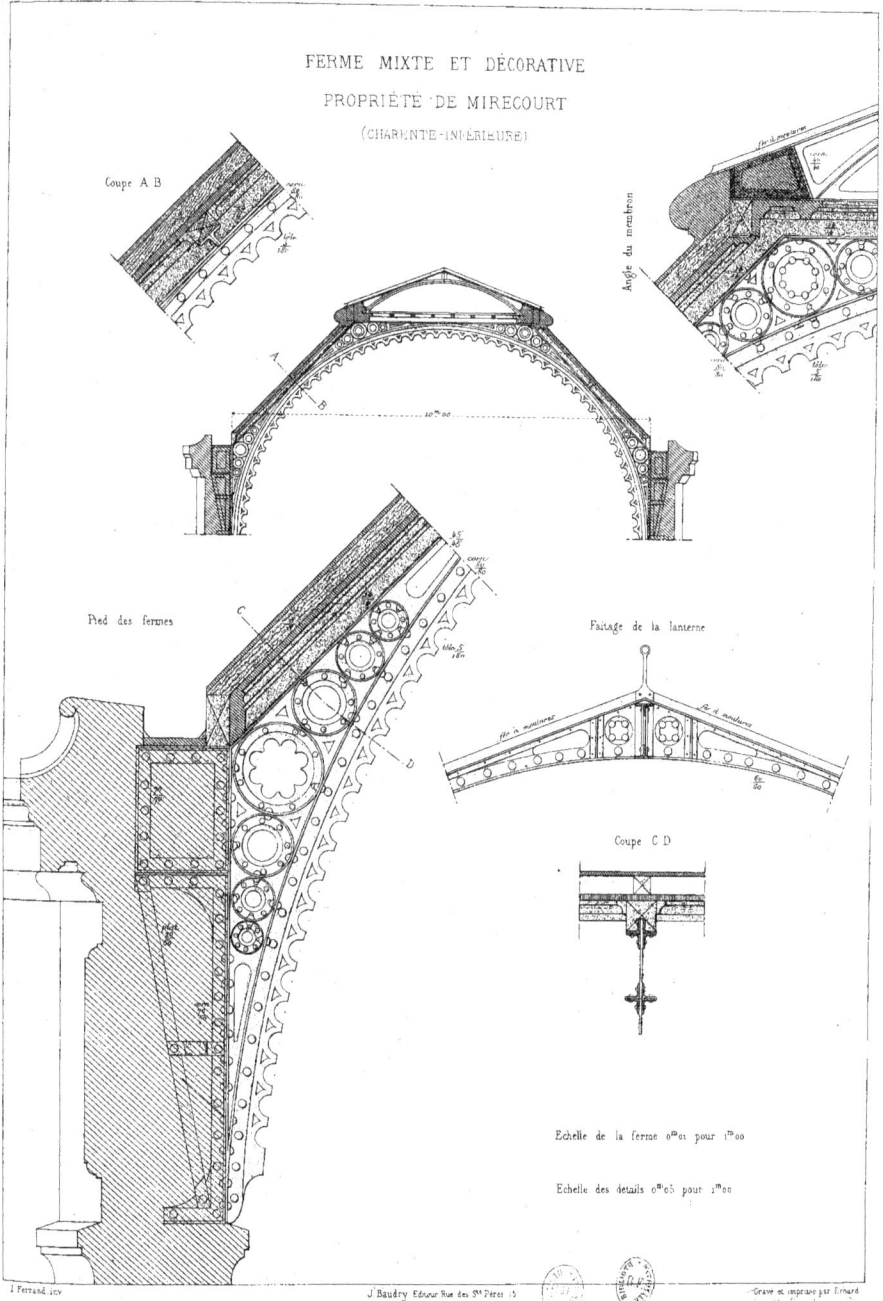

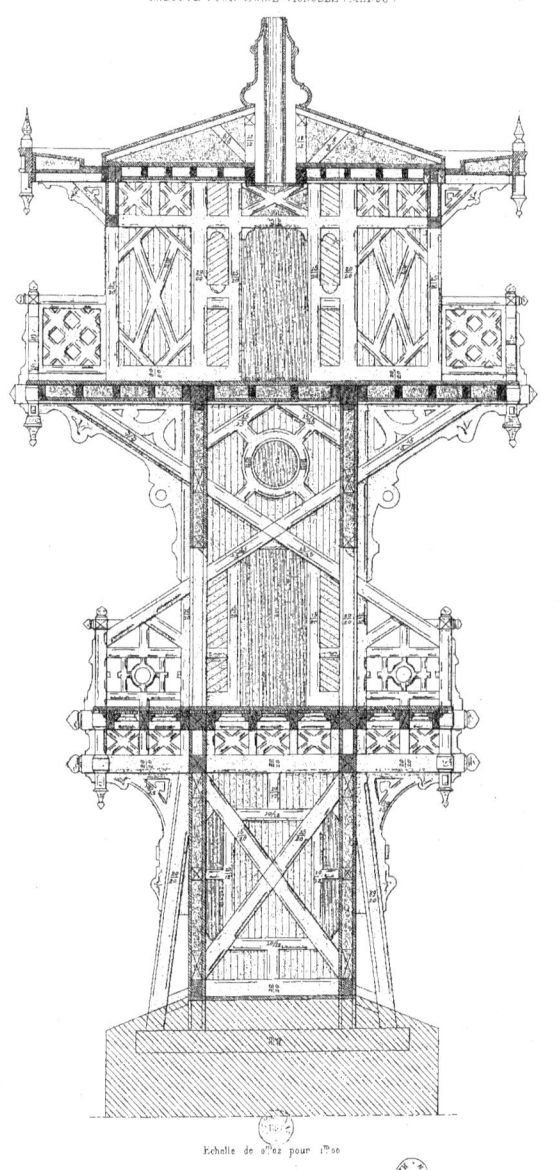

LE CHARPENTIER-SERRURIER AU XIXᵉ SIÈCLE

CHARPENTE MIXTE
MAGASIN DE GROS (BORDEAUX)

Coupe AB
à 0ᵐ,00 pʳ 1ᵐ,00

Coupe CD
pʳ 1ᵐ,00

Assemblages à nus,
les boiseries enlevées

Pied du lanterneau

Pied des arbalétriers

Échelle de 0ᵐ,02 pour 1ᵐ,00

J. Ferrand, sculp.

J. Baudry, Éditeur, 15, Rue des Sts Pères.

Gravé et imprimé par Erhard.

COMBLE ROULANT D'UNE SALLE MÉRIDIENNE POUR OBSERVATOIRE DE BORDEAUX

Coupe transversale du comble figuré ouvert

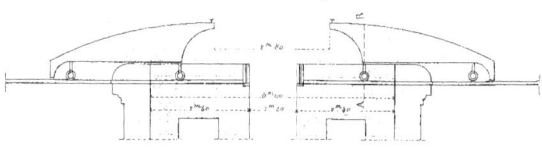

Échelle de 0,01 pour 1,00

Coupe d'une ferme longitudinale prise dans l'axe des galets de tête en AB

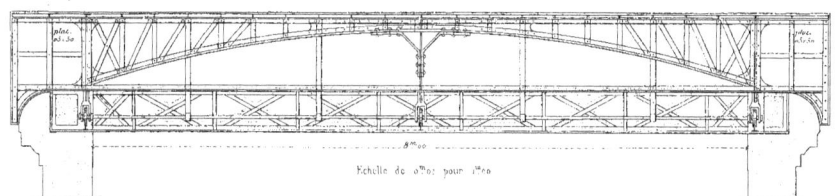

Échelle de 0,02 pour 1,00

Détail du sommet de la ferme longitudinale

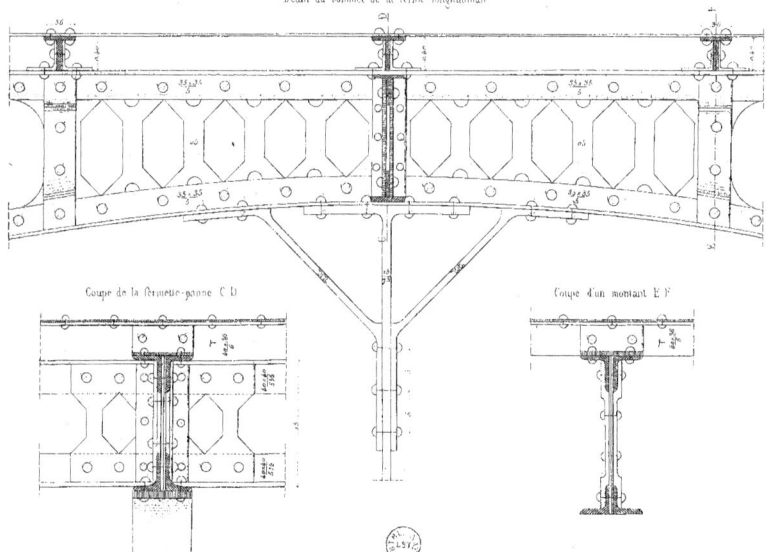

Coupe de la fermette-panne CD   Coupe d'un montant EF

Échelle des détails 0,20 pour 1,00

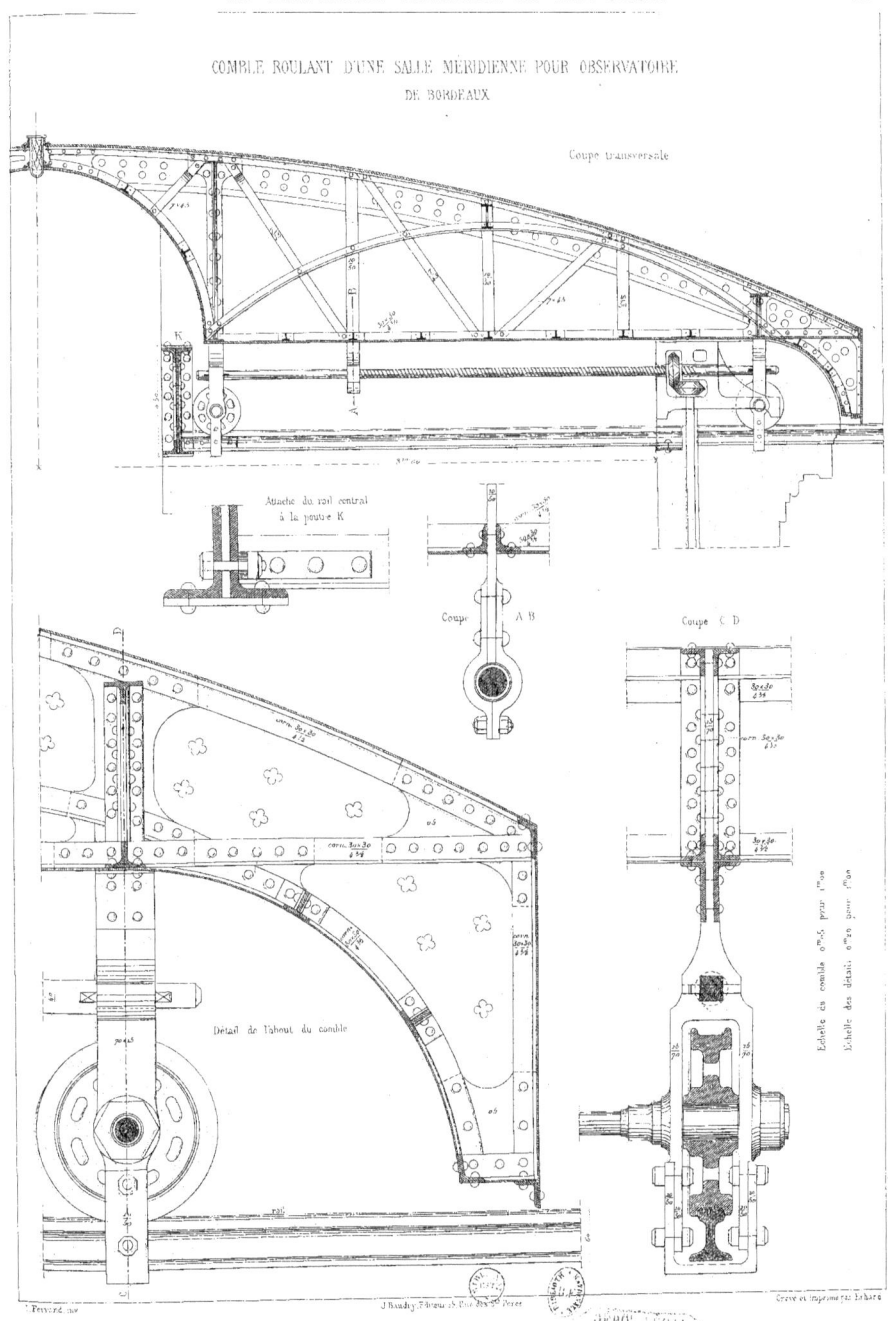

LE CHARPENTIER-SERRURIER AU XIXᵉ SIÈCLE

COUPE D'UNE FERME A ENTRAIT RETROUSSÉ-BRISÉ
ATELIER DE TONNELLERIE À QUINSAC (GIRONDE)

LE CHARPENTIER-SERRURIER AU XIXᵉ SIÈCLE

FERME A ENTRAIT RETROUSSÉ-BRISÉ

LE CHARPENTIER-SERRURIER AU XIXᵉ SIÈCLE

FERME DE GRANDES HALLES POUR CAMIONNAGE ET DÉPÔT
(BORDEAUX)

COUPE D'UNE FERME DE GRAND ATELIER

ANGOULÊME (PROJET D'ANNEXE)

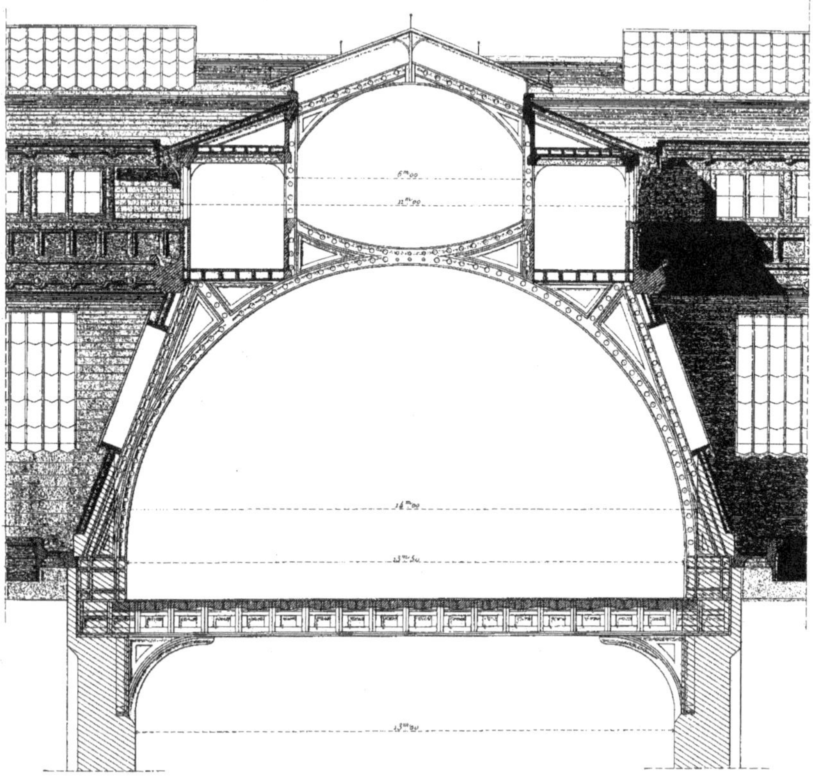

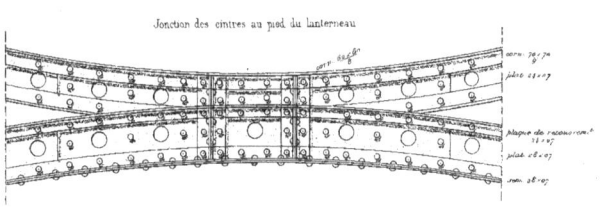

Jonction des cintres au pied du lanterneau

Echelle de la ferme 0^m01 pour 1^m00

Echelle du détail 0^m05 pour 1^m00

I. Ferrand inv.

J. Baudry, Editeur, 15, Rue des Sts Pères

Gravé et imprimé par Erhard

LE CHARPENTIER-SERRURIER AU XIXᵉ SIÈCLE

COUPE D'UNE FERME ET PLANCHERS DE GRAND CHAI
(BORDEAUX)

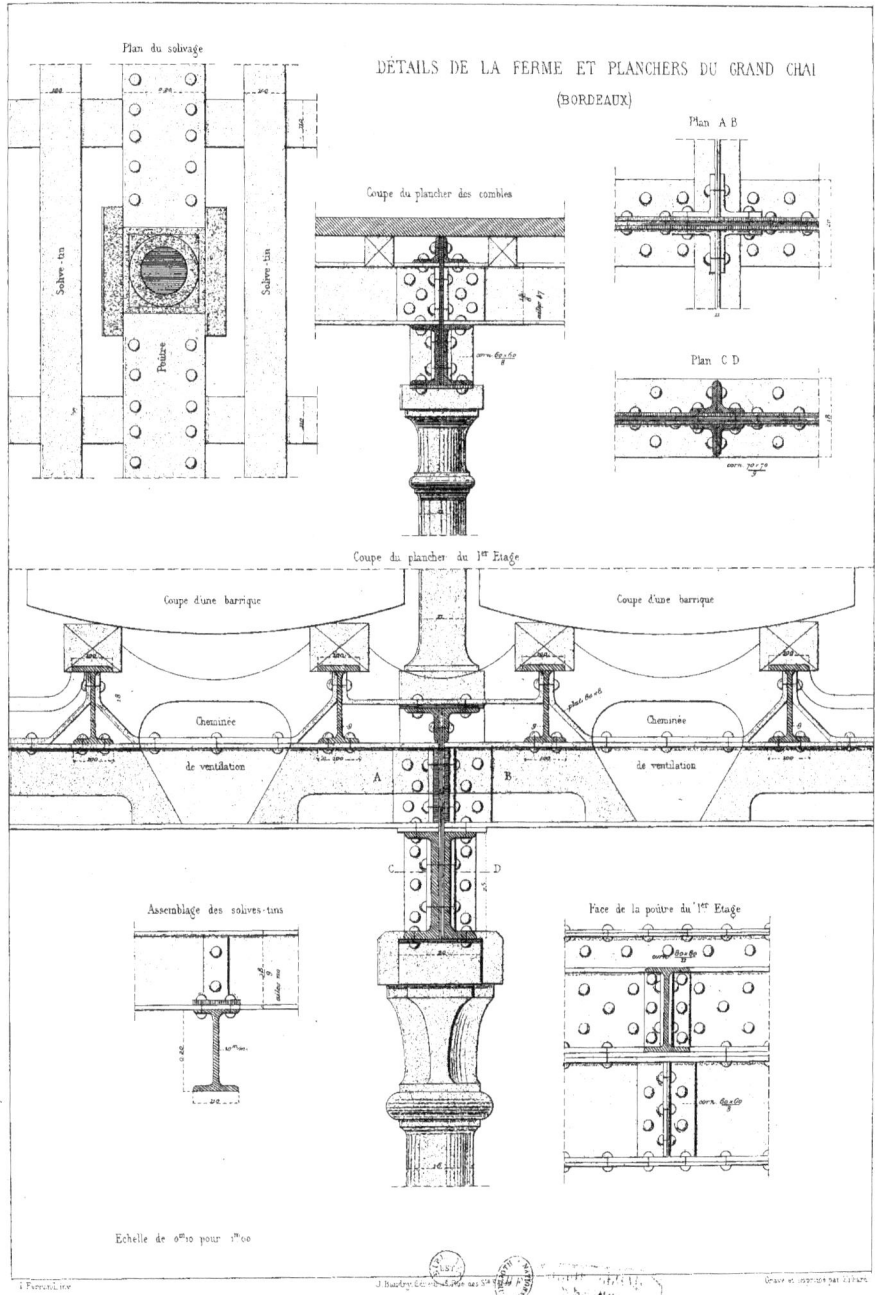

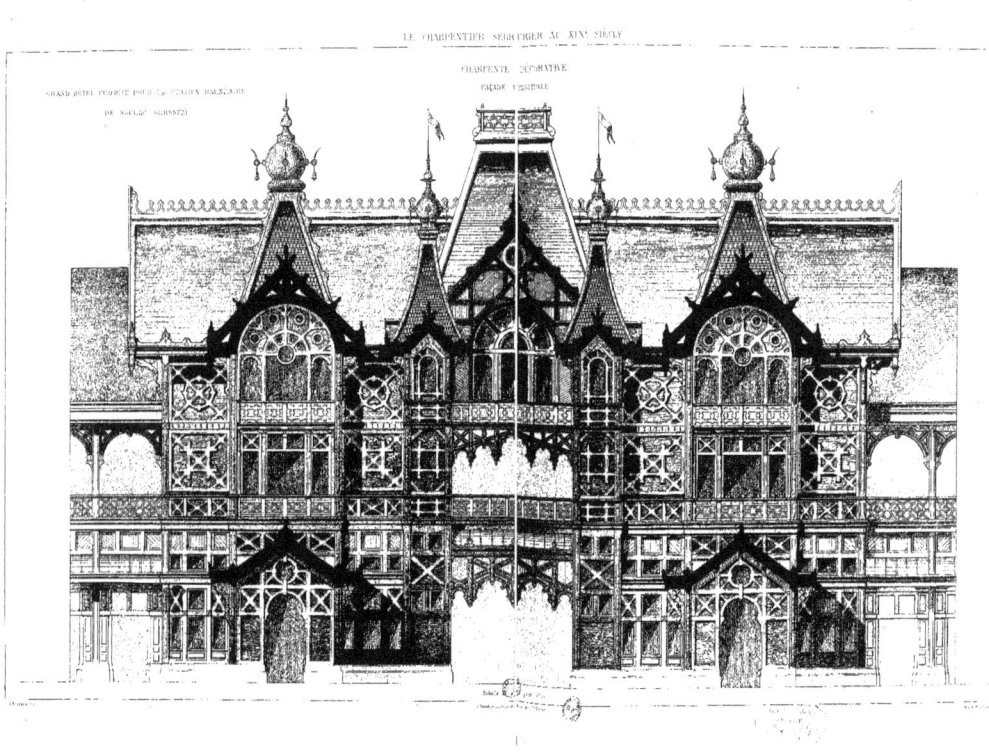

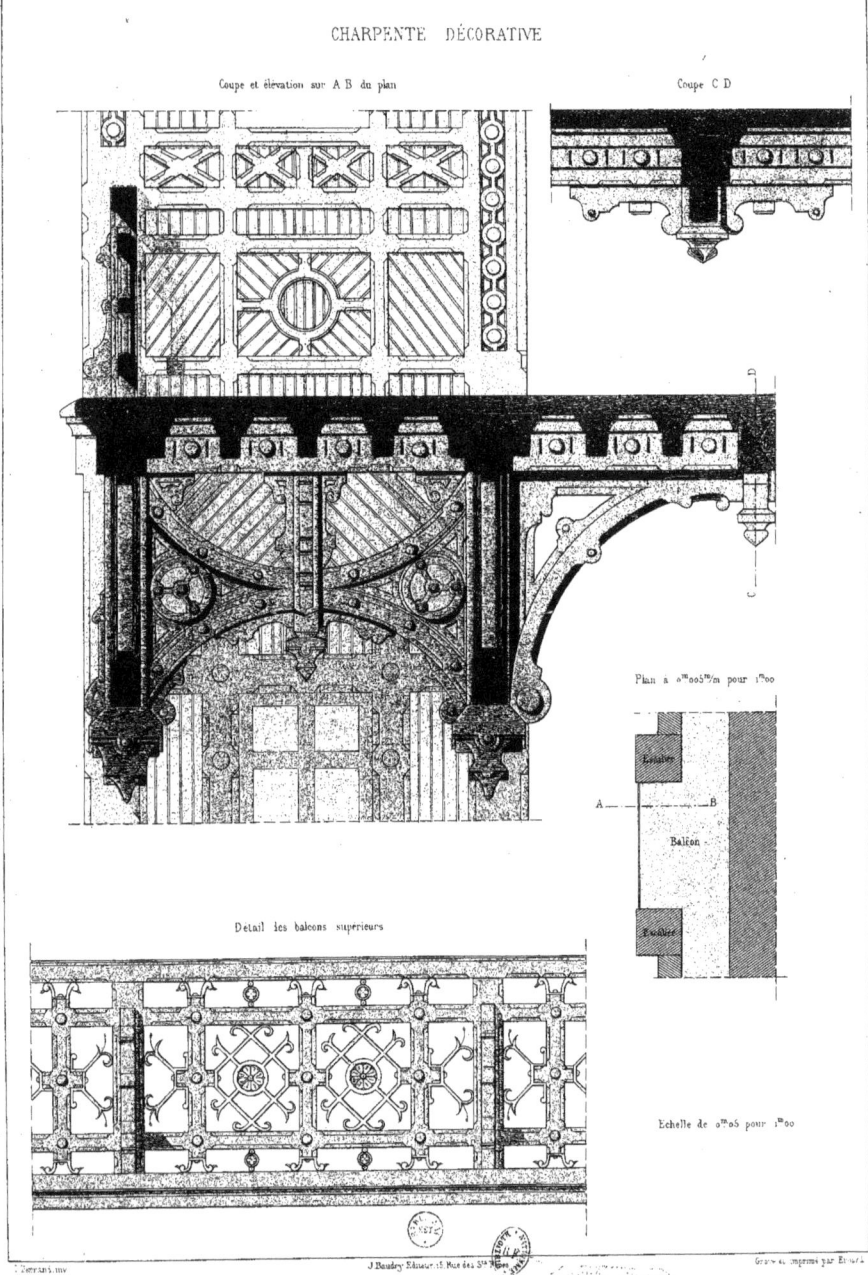

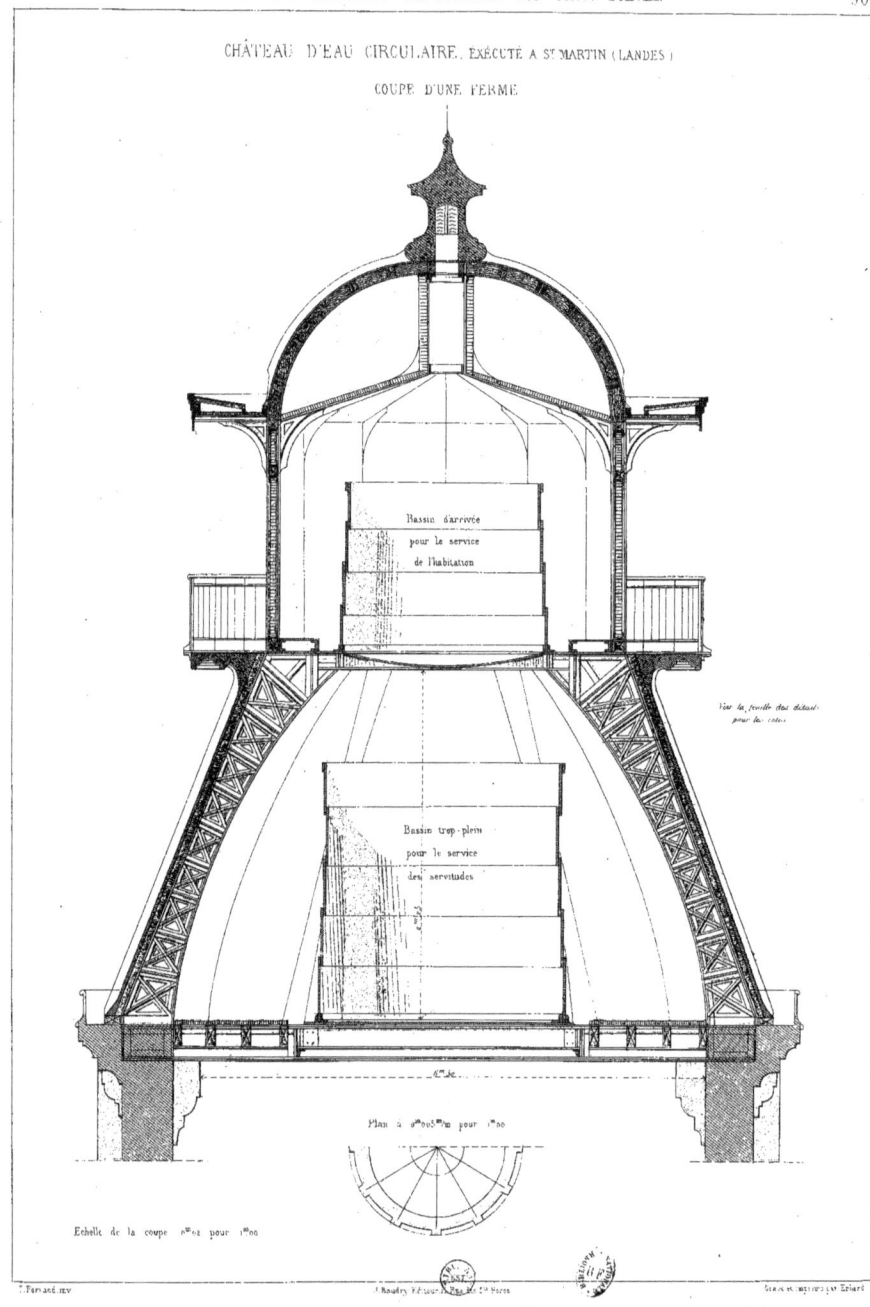

CHÂTEAU D'EAU CIRCULAIRE

EXÉCUTÉ A St MARTIN (LANDES)

DÉTAILS D'EXÉCUTION

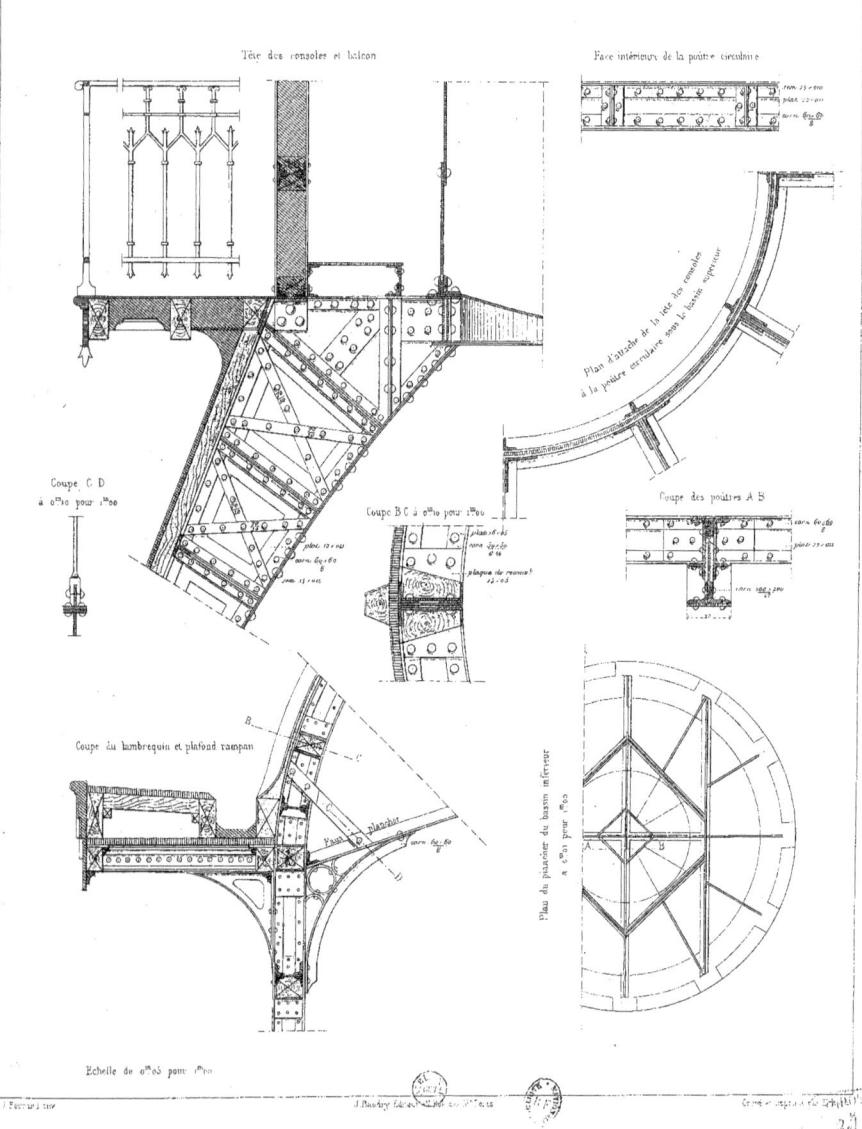

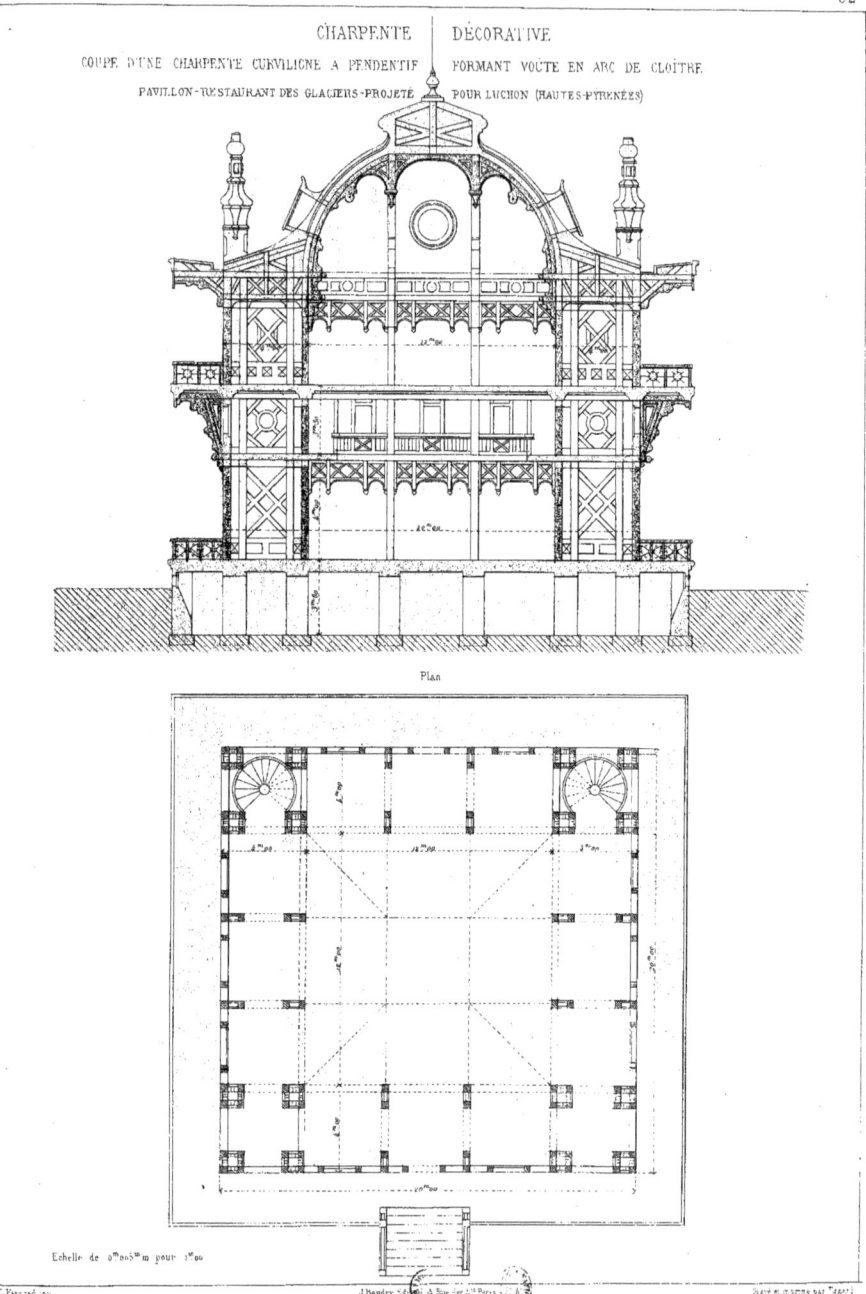

LE CHARPENTIER-SERRURIER AU XIXᵉ SIÈCLE

CHARPENTE DÉCORATIVE

TÊTE DE LA CHARPENTE CURVILIGNE A PENDENTIF FORMANT VOÛTE EN ARC DE CLOÎTRE

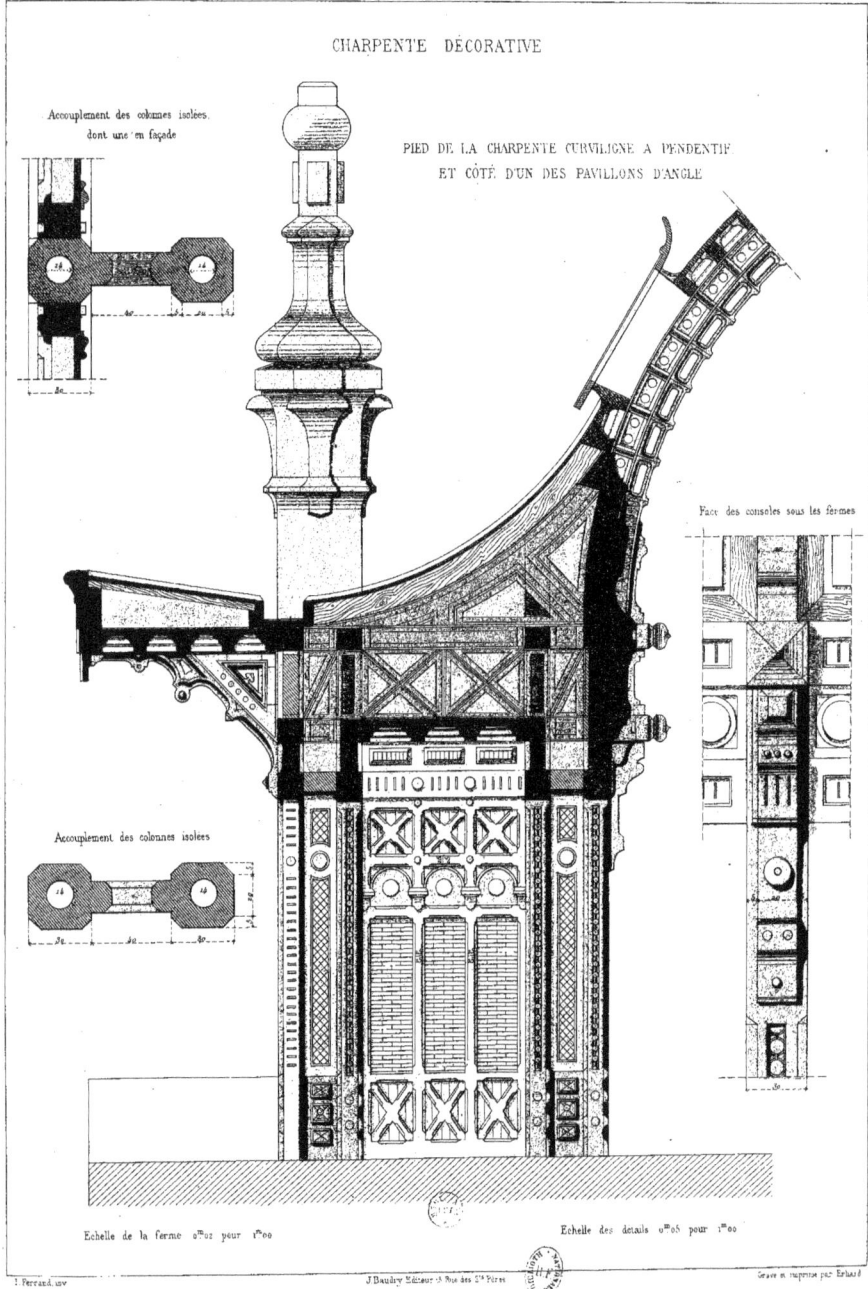

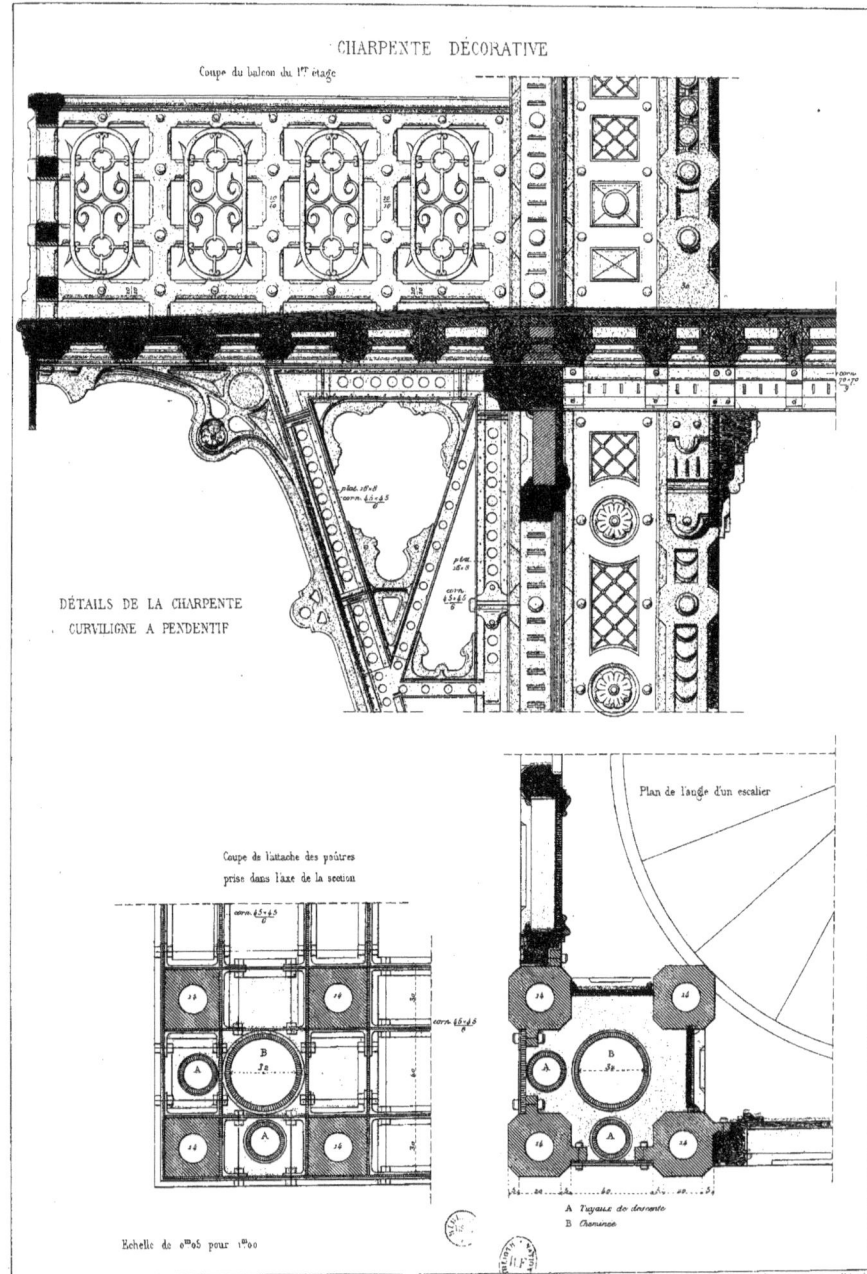

LE CHARPENTIER-SERRURIER AU XIXᵉ SIÈCLE

FERME EN FER DE 10ᵐ.00 ACCROCHÉE SUR DEUX POUTRES
MAGASIN DE LAINAGE (BORDEAUX)

Tête des fermeurs du lanterneau

Pied du lanterneau et petite bielle

Graissement des arbalétriers

Plan d'un poteau de lanterneau

Attache de la tête des arbalétriers et du pied des fermettes du lanterneau

Attache du pied des fermes aux poutres

Échelle de la ferme 0ᵐ.02 pour 1ᵐ.00

Échelle des détails 0ᵐ.05 pour 1ᵐ.00

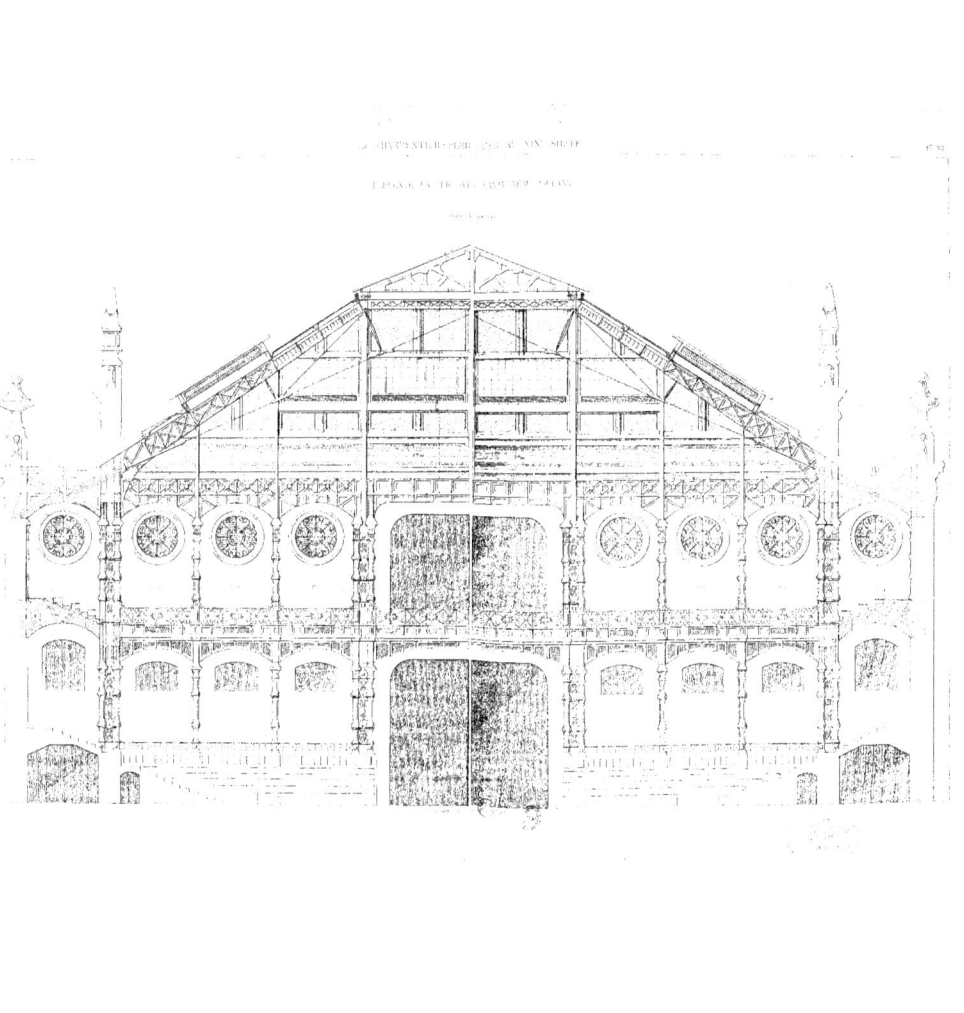

LE CHARPENTIER-SERRURIER AU XIXᵉ SIÈCLE

CHARPENTE EN FER AVEC LANTERNEAU ROULANT

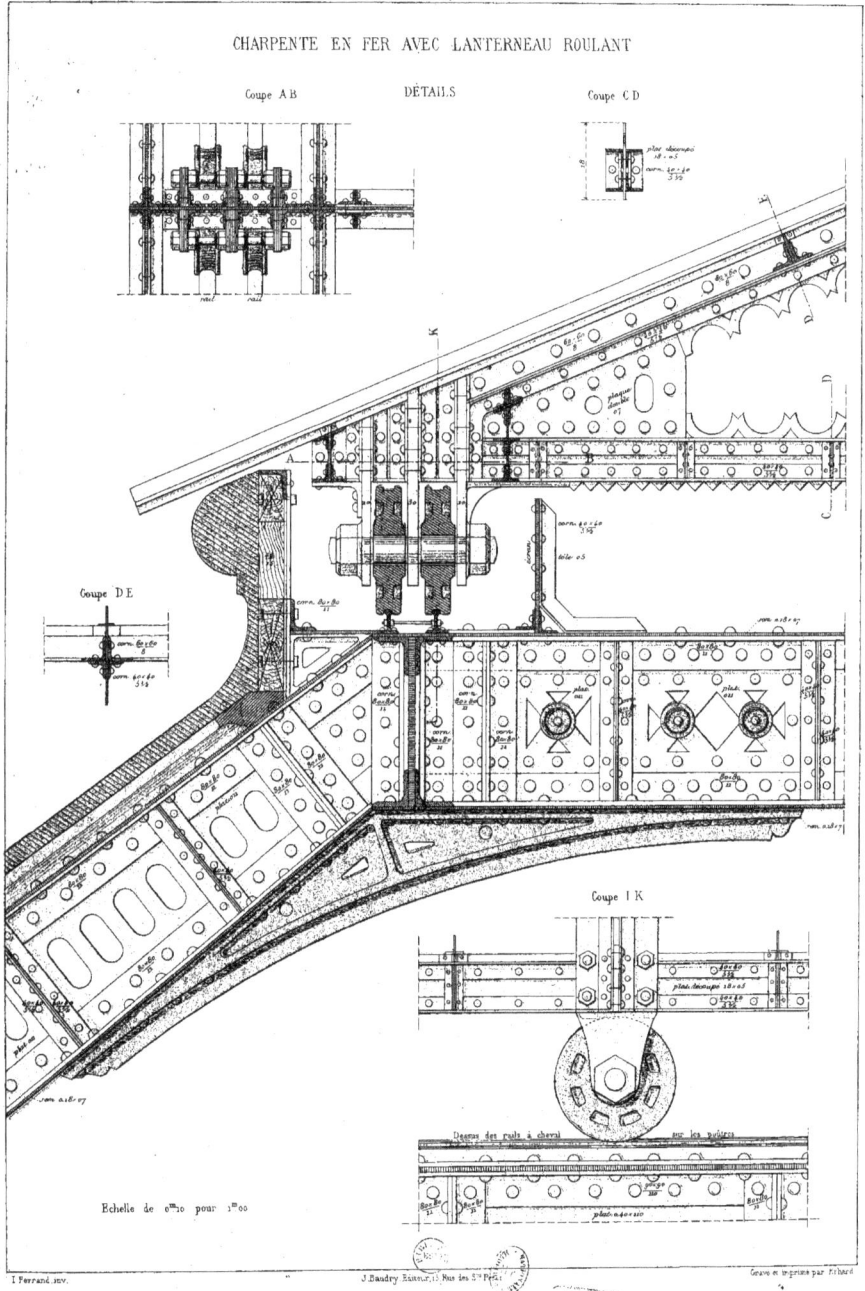

www.ingramcontent.com/pod-product-compliance
Lightning Source LLC
Chambersburg PA
CBHW071946160426
43198CB00011B/1563